Gütersloher Taschenbücher/Siebenstern 489

Die tägliche Erfindung der Zärtlichkeit

Gebete und Poesie
von Frauen aus aller Welt

Herausgegeben von Sybille Fritsch
und Bärbel von Wartenberg-Potter

Gütersloher Verlagshaus
Gerd Mohn

Originalausgabe

Bearbeitet und aus dem Englischen und Französischen
übertragen von Sybille Fritsch

CIP-Kurztitelaufnahme der Deutschen Bibliothek

Die tägliche Erfindung der Zärtlichkeit:
Gebete u. Poesie von Frauen aus aller Welt/
hrsg. von Sybille Fritsch u. Bärbel von Wartenberg-Potter.
[Bearb. u. aus d. Engl. u. Franz. übertr. von Sybille Fritsch]. –
Orig.-Ausg., 2. Aufl., (7.–9. Tsd.). –
Gütersloh: Gütersloher Verlagshaus Mohn, 1988
(Gütersloher Taschenbücher Siebenstern; 489)
ISBN 3-579-00489-1
NE: Fritsch, Sybille [Hrsg.]; GT

ISBN 3-579-00489-1

2. Auflage (7.–9. Tsd.) 1988

Umschlaggestaltung: Dieter Rehder, Aachen unter Verwendung eines Fotos von Raul Niemann
Satz: ICS Communikations-Service GmbH, Bergisch Gladbach 2
Druck und Einband: Clausen & Bosse, Leck
Printed in Germany

So seid ihr nun nicht mehr draußen
und Fremdlinge,
sondern Mitbürgerinnen der Heiligen
und wohnt mit Gott
in einem Haus.

Epheser 2,19

*Den Frauen und Schwestern,
die auf dem Weg sind vom Alten ins Neue,
die das Alte im Neuen nicht vergessen*

Inhalt

Die tägliche Erfindung der Zärtlichkeit

Gebete und Poesie für alle Tage

Niemand lebt ohne Namen

Frauen glauben – Frauen leben

Gott der Zärtlichkeit und der Stärke

Frauen und Männer auf dem Weg zur Gleichheit

Die Last meiner Schwestern

Frauen ziehen aus gegen weltweites Unrecht

Gerechtigkeit und Frieden werden sich küssen

Geschwisterliche Arbeit für Frieden und Gerechtigkeit

Vorwort

Das Neue im Alten finden...

Es stimmt noch immer, daß zu allen Zeiten Menschen sich in der Art, wie sie beteten und sangen, neuen Ausdruck für ihren Glauben geschaffen haben. Heute haben auch Frauen angefangen, neue Bilder und eine neue Sprache zu entdecken, um ihre Erfahrungen mit der Welt und Gott, ihre Sorgen und Freuden auszudrücken. Dieses Buch ist ein Spiegel, wie Frauen in der weltweiten Ökumene heute sich zu Worte melden. Sie beten sehr konkret, wenig dogmatisch, ganz lebendig. Sie sprechen mit Gott sehr vertraut, fragend, zürnend, bettelnd. Der Reichtum der Bilder, die lebendige Direktheit, die Neuentdeckung der biblischen Frauengestalten, die klare Zuwendung zu den Menschen und zur Welt in diesen Texten sind ein Geschenk, das uns gemacht wird. Es gibt aber auch Texte, die weiter weggehen von der bekannten, von manchen geliebten, manchen verworfenen Sprache der Kirche. Eine der Entdeckungen in der weltweiten Ökumene ist, daß Frauen auf der einen Seite sehr fromm und kirchengebunden sind und gleichzeitig sehr radikale Neuformulierungen für die Gebetssprache der Kirche vorschlagen, weil es »ihre« Kirche ist. Das ist ungewohnt für uns, bei denen sich Neues oft außerhalb oder nur an den Rändern der Kirche formulieren will oder darf.

Die Bilder von Gottes Nähe, von Gegenseitigkeit treten in den Vordergrund. Der »ferne, allmächtige Herr« rückt immer ferner. Die Frage, wo, wie, was Gott denn überhaupt sein kann in unserem Leben, wird ehrlich gestellt. Frauen beziehen Kraft und Ermutigung aus der Erinnerung an die »Vorschwe-

stern« in der Bibel, die oft gegen den Strich patriarchalischer Interpretation gelesen wird. Aber auch der Schmerz und die Verzweiflung über die Abgründe, die uns als Frauen trennen, kommt zur Sprache (»Sie sagen, ich bin eine Frau.«). Solche Anfragen müssen uns tief aufrütteln.
Die Wünsche, die wir mit der Herausgabe dieses Buches verbinden, sind:

- *Frauen sollen Mut, Entdeckungsfreude und eine neue Sprache in diesen Texten finden und sich davon anstecken lassen.*
- *Die Kluft zwischen den »Kirchenfrauen« und den feministischen Schwestern »am Rande« oder »draußen« möge abnehmen, wenn im Gespräch und im Zuhören Vorurteile und Ängste anhand einiger konkreter Texte formuliert werden können.*
- *Wir Frauen könnten unseren Blick weiten und öffnen für die »weltweite Schwesterlichkeit« und die soziale Wirklichkeit, die uns aus diesen Texten anweht und hineinnehmen will in eine große weltumspannende Gemeinschaft.*
- *Frauen und Männer sollen sich ermutigt fühlen, neue Bilder zu finden für das, was sie bewegt und antreibt. Die christliche Tradition ist für viele noch immer Ausdruck ihrer Hoffnung und ihres Suchens, auch wenn heutige Frauen nicht mehr die Kraft investieren wollen, diese Hoffnungen unter dem Schutt der patriarchalischen Tradition auszugraben. Die großen Menschheitshoffnungen haben sich immer wieder neue Sprachen, Bilder, Entwürfe geschaffen. Die Texte in diesem Buch gehören zu dem Versuch, die Lebendigkeit und Gültigkeit der christlichen Tradition entdecken zu helfen und die Erstarrungen zu überwinden, an denen nicht nur Frauen zu ersticken drohen.*

Die Fremdheit, Andersartigkeit, auch Frömmigkeit dieser Texte macht uns deutlich, wie entfremdet wir selber geworden sind und wie fremd uns die Schwestern in anderen Teilen der Welt sind, aber auch wieviel uns gemeinsam ist. Mit Liebe,

Geduld zum Hinhören und offenem Herzen wollen sie gelesen und gehört werden.
Viele der Texte habe ich im Laufe meiner Arbeit als Direktorin der Frauenabteilung des Ökumenischen Rates der Kirchen gesucht und gesammelt. Ein Teil davon ist in die Broschüre »Wir sind keine Fremdlinge mehr – Frauen halten Gottesdienst« eingegangen, die das Evangelische Missionswerk 1984 gemeinsam mit dem Lutherischen Weltbund, dem Christlichen Studentenweltbund und dem Weltbund Christlicher Verbände Junger Frauen herausgab.
Sybille Fritsch hat mit großer Hingabe die Texte aus dem Englischen und Französischen übertragen und bearbeitet. Gemeinsam haben wir die Auswahl getroffen und eine angemessene Gestalt gefunden. Den Frauen und Schwestern, die auf dem Weg sind vom Alten ins Neue, die das Alte im Neuen nicht vergessen, widmen wir dieses Buch, das sein Gewicht außer auf den Gottesdienst auch verstärkt auf lyrische und experimentelle Texte zum Meditieren, Lesen, Nachdenken und Beten legt.
Zu einigen Texten war es uns und dem Verlag trotz vielfacher Bemühungen leider nicht möglich, die Verfasserin um eine Abdruckerlaubnis zu bitten. Wir möchten deshalb an dieser Stelle auch diesen Mitarbeiterinnen für die Möglichkeit danken, ihre Texte in dieser Sammlung vorstellen zu können.

Kingston (Jamaika), im Frühjahr 1986
Frankfurt am Main, im Frühjahr 1986

Bärbel von Wartenberg-Potter
Sybille Fritsch

Die tägliche Erfindung der Zärtlichkeit

Gebete und Poesie für alle Tage

Gebet des Heiligen Anselm

Und du, Jesus, liebster Herr,
bist du nicht auch Mutter?
Wahrlich, du bist eine Mutter,
die Mutter aller Mütter.
Du hast den Tod geschmeckt
in deinem Wunsch, deinen Kindern Leben zu geben.
11. Jahrhundert

Das Gesicht zur Sonne
Eingangsgebet

Kurz vor der Morgendämmerung
sangen gemeinsam die Morgensterne.
Kurz vor der Morgendämmerung
kamen die Frauen zum Grab.

Heute kommen wir.
Wir sehnen uns nach der Quelle
der Macht, frei zu sein.
Ein neuer Tag bricht an.
Stück für Stück setzt sich der Friede zusammen.
Zusammen wenden wir das Gesicht der
aufgehenden Sonne zu.
W. Lafayette, Indiana

Hört auf den Gruß der Morgendämmerung
Eingangsgebet

Leiterin:
Hört auf den Gruß der Morgendämmerung.
Schaut auf diesen Tag,
denn er ist Leben –
Leben vom wirklichen Leben.
Antwort:
In seinem kurzen Lauf liegt all die Wahrheit
und Wirklichkeit unserer Existenz:
die Wonne des Wachstums,
der Ruhm des Handelns,
der Glanz der Schönheit.
Leiterin:
Denn jedes Gestern ist ein Traum,
und jedes Morgen eine Vision...
Antwort:
Und heute mit Würde gelebt
macht jedes Gestern zu einem Traum
vom Glück
und jedes Morgen zu einer Vision
der Hoffnung.
Leiterin:
Darum seht euch diesen Tag gut an...
denn so ist der Gruß der Morgendämmerung.
Antwort:
Dies ist der Tag, den der Herr gemacht hat.
Laßt uns freuen und fröhlich
darinnen sein!
Psalm 118,24 aus dem Sanskrit

Oh Gott, ich freue mich zu leben

Gebet am Morgen

Oh Gott, ich freue mich zu leben. In dieser Stunde regt sich die ganze Natur, um dem neuen Tag zu begegnen. Aber ich möchte dir Preis und Anbetung bringen, wie es nur ein menschliches Herz vermag.
Ich bin fasziniert vom Mysterium der Dunkelheit, die sich ans Licht übergibt.
Ich bin fasziniert von der Fruchtbarkeit der Erde und der Schönheit des Himmels.
Ich bin fasziniert von den vielen lang versteckten Geheimnissen, die jetzt erst entdeckt werden.
Ich bin fasziniert vom wachsenden Wissen, das wir vom menschlichen Leben und seinen Beziehungen haben.
Ich mag die Farbe und die Form der Dinge und wie sie sich anfühlen;
ich mag die Laute der Natur und die Gespräche meiner Familie und Freunde;
ich mag das Schwatzen kleiner Kinder und die Lieder und das Gelächter junger Menschen.
Ich mag so viele Hügel und Täler, die ich kenne, und Meere und Flüsse und wilde Orte.
Ich mag die Muster der Felder und ihre Fruchtbarkeit;
ich mag die Art, wie Frauen und Männer Heime gebaut haben, um zusammen zu sein, sich gegenseitig zu helfen und zu unterstützen.
Gib mir den Mut, Gott, an diesem ruhigen Ort den Dingen ins Auge zu schauen, denen ich ins Auge schauen sollte, bevor ich hinaus gehe, meinen Mitmenschen ins Auge zu schauen.

Rita Snowden

Ich übergebe diesen Tag
Gebet am Abend

Oh Gott, ich habe heute einige Dinge gelernt, die ich niemals vorher wußte;
ich habe heute Menschen getroffen, die ich nie vorher getroffen habe;
ich habe heute über einige Dinge nachgedacht, die ich vorher nie erwogen habe.
Aber einige Dinge habe ich einschleichen lassen, für die es mir jetzt leid tut;
einige Dinge, die ich bestimmt tun wollte, habe ich nicht getan;
einige Worte, die ich in Eile gesagt habe, wären besser ungesagt geblieben;
einige Beziehungen sind von meiner Empfindlichkeit gestört worden.
Vergib mir für diese und andere Dinge, in denen ich Dich heute verfehlt habe und in denen ich weit unter mein bestes Selbst fiel; ich übergebe diesen Tag Deiner Gnade und Obhut, laß mich in Frieden liegen und nach gesundem Schlaf morgen für einen neuen Anfang bereit sein.
Rita Snowden

Ich brauche das Schweigen
Gebet am Morgen

Oh Gott, ich danke dir für diesen Tag der Ruhe und des Gottesdienstes.
Ich brauche ihn, denn ich kann mein Leben nicht in Zeitraum und Geschwindigkeit von Arbeitsstunden zwängen;
ich brauche das Schweigen, das dieser Tag von allen sieben Tagen bringt.
Ich brauche Zeit, mir vor Augen zu rufen, wem ich gehöre und warum ich hier bin;

ich brauche die nicht gehetzte Liebe um mich herum, die in freundlichen Augen leuchtet;
ich brauche das nicht gehetzte Teilen von Gedanken, Erfahrungen, Träumen;
ich brauche wunderbare Bücher und Musik und Singen, die so einfach beiseite gedrückt werden in der geschäftigen Woche;
ich brauche Zeit, mich im Gebet vor dir an meine Familie und meine Freunde zu erinnern; an Missionare und freiwillige Helfer, die deine Nachricht in anderen Ländern und Sprachen erzählen, die schwer zu meistern sind, und die ungesundes Klima ausprobieren.
Ich brauche Zeit, mich im Gebet vor dir an alle jungen Männer und Frauen zu erinnern, die nur schwach die Herausforderung zu diesem Dienst hören. Beruhige ihre Herzen, damit sie hören und beschleunige ihren Willen, für dein Reich auf Erden das beste zu opfern, was sie haben.
Ich brauche Zeit, mich im Gebet vor dir an alle Prediger und Lehrer zu erinnern, an alle Leiter und Leiterinnen und ihre Mitarbeiter, die ihr Leben der Wissenschaft weihen und der Ausbildung anderer, die deine wachsende Offenbarung für Männer und Frauen interpretieren werden.
Ich brauche besonders Zeit, mich zu erinnern an…
Was immer unsere Aufgabe in deiner Welt sei, mach uns fähig, sie zu erfüllen und halte uns im Glauben. Um Christi Willen. Stärke uns im täglichen Wissen, daß seine Hand auf dem Ganzen unseres Lebens ruht – dem Ganzen.

Gebet am Abend

Oh Gott, wenn ich mich dem Schlaf übergebe, um morgen aufzustehen, bereit für das übliche Alltagsgeschäft, laß mich erfrischt sein.
Wenn ich morgen mit anderen zusammentreffe, mit denen ich das Leben am Sonntag nicht teile, stärke und bereichere unsere Beziehungen.
Gib mir Freude und Eifer und Mut, wo ich mich schnell

entscheiden muß inmitten einander widersprechender Werte. Und halte mich demütig und natürlich in allem, was ich für dich tue.
Rita Snowden

Für alle, die säen und ernten, kochen und dienen
Tischgebete

Für diese guten Gaben, oh Gott, bringen wir dir unseren Dank und uns selbst dar.
Für die Nahrung vieler Jahreszeiten und den Dienst vieler Hände, nimm unseren Dank an, oh Gott.
Für deine unerschöpfliche Sorge um uns, bringen wir dir unseren Dank, oh Gott, laß unsere Sorge für andere auch unerschöpflich sein.
Nimm unseren Dank an, oh Gott, für alle, die säen und ernten, für alle, die kochen und dienen.
Für das gute Essen auf unserem Tisch, oh Gott, und die gute Gemeinschaft darum, bringen wir unseren Dank.
Oh Gott, während du unsere Körper ernährst, halte uns achtsam für die Nöte anderer.
Rita Snowden

Sucht tief in den Augen der Jugend

Schaut euch um, sucht tief in den Augen der Jugend; wißt, daß sie auch Träume vom Frieden träumen, von Ganzheit und Sanftheit. Sucht das Mitleid mit diesen jungen Menschen, die ohne Sicherheit arbeiten. Wagt es, weiterhin zu glauben, daß eine Arbeit mit Körper, Verstand und Seele gute Früchte gebracht hat, Früchte, die andauern werden. Ja, es wird andauern in und durch die jungen Leute von heute.
Lise Cyrenius

Auch wenn ich nicht den morgigen Tag habe

Auch wenn ich nicht den morgigen Tag haben werde,
wenn ich nur eine kleine Strecke gehe,
habe ich doch nur das eine Leben.
Es drängt mich, etwas zu tun,
meinen Verstand hart arbeiten zu lassen,
um euch wissen zu lassen,
daß mein Verstand
wie ein wütend wehender Ofen ist,
der daran gewöhnt ist,
Töpferwaren zu backen.
Shoichi Ishikawa

Mach nicht so schnell, wenn du von Liebe sprichst

Die Liebe ereignet sich
in unendlichen Wiederholungen.

Mach nicht zu schnell,
wenn du von Liebe sprichst.

Wenn wir zusammen gelitten haben,
wirklich gelitten,
können wir sagen:
ich werde beginnen,
mehr zu lieben.

Die tägliche Erfindung der Zärtlichkeit

Die tägliche Erfindung
der Zärtlichkeit

auf einer Erde, die alt ist von
Milliarden Jahren

mit Menschen, die gelitten haben
an Tausenden von Schwertern.

Und sie existiert.

> Dann, Gott, lächle ich
> Dich (an)
> *Schwester Miriam*

Kennst Du den stummen Schrei

> Und Er sagte zu ihnen:
> Wartet.

Kennst Du, Gott,
das Gewicht Deiner Bitte?

Kennst Du den zähen Hunger
in der Leere unseres Glaubens?

Kennst Du die dunkle Straße
und die zögernden Schritte?

Kennst Du den Baum des Winters,
der nichts weiß von ihm?

Kennst Du den stummen Schrei,
den die Blicke sagen?

> Und Du –

Kennst Du meinen zähen Hunger
in der Leere Eurer Abwesenheit?

Und den zögernden Schritt
in der abendlichen Straße?

Kennst Du den stummen Schrei
vor euren Stadttoren?

Und den unermeßlichen Seufzer,
wo sich mein Herz verliert?

»Mein Gott, mein Gott
warum hast Du
mich verlassen?«
Schwester Miriam

Der Abendwind deckt den Lärm der Brunnen zu

Sag mir, Gott,
hast Du gesprochen?
Der kalte Abendwind
deckt den Lärm der Brunnen zu.

Sag mir, Gott,
bist Du vorübergegangen?
Die schwere Nacht im Abend
verbirgt den Rockschoß Deines Mantels.

Sag mir, Gott,
hast Du
den schwarzen Asphalt und
die große Trauer erschaffen.
Sie vergehen vor den Sonnenblumen.

Sag mir, Gott,
hast Du gelitten?
Die rauhe Stimme Deiner Propheten
hat mich weit von Deinen Tränen
zurückgeworfen.

Sag mir, Gott
hast Du mich geliebt?

Wenn ich antworte
was wirst Du tun?
Schwester Miriam

Zwiegespräch

Mein Gott, oh mein Gott,
ich weiß nicht, wie ich beten soll.
Ich weiß nicht, ob Du da bist
ich weiß nicht, was Du tust
mit meinem Schrei, meiner Angst,
meinem Überdruß.
Ich kenne das nicht,
was man Gebet nennt.

Ist mein Gott dieser unermeßliche Seufzer,
der aus den Tiefen meines Lebens
aufsteigt
und sich wie ein Hauch im Himmel
zu verlieren scheint?

Ist mein Gott dies furchtsame Vertrauen,
das unter Schmerzen wagt, an Morgen
zu glauben?
Das nicht die Kraft hat an Morgen
zu denken?

Ist mein Gott dieser Ruf,
der sich zu verlieren scheint wie das
Echo in den Bergen?

Mein Gott, oh mein Gott,
ich weiß nicht, wie ich beten soll,
ich habe niemals deinen Blick gekreuzt,
ich habe niemals dein Lächeln gesehen,
ich habe niemals deine Hand gepreßt.
Du bist nicht nahe bei mir gegangen,
mein Gott, wie könnte ich zu dir beten?

Sprich als erster zu mir, mein Gott,
nähere dich mir, mein Gott.
Oh sprich zu mir als erster
mein Gott.

– Es sei denn, daß für dich mein Seufzen
kein Gebet wäre.
Es sei denn, daß für dich mein Schrei
kein Gebet wäre.
Es sei denn, mein Gott,
daß für dich mein Vertrauen nicht
das tägliche Brot wäre,
das du erneuerst,
Es sei denn, mein Gott,
daß der geringste Anruf
dein Herz nicht erschüttern
könnte. –

Wenn das so wäre,
würde ich beginnen zu glauben,
endlich zu glauben, mein Gott,
daß wir miteinander gesprochen hätten.

Versammle uns aus allen vier Winden

Gott, es wäre nötig,
daß Dein Versprechen sich vollendet
und das es heute beginnt:
daß wir uns vom Osten bis zum Westen
versammeln.

Es wäre nötig, Gott,
daß Menschen auf der Suche
nach dem Erbteil des wahrhaftigen
Lebens,
nach ein wenig Freundschaft
mit ihren Menschen-Augen
andere Menschen sich lieben sehen
könnten.

Es wäre nötig,
daß wir nicht auf das große
Königreich warteten,
sondern heute
versöhnt und geschwisterlich wären.

Es wäre nötig, Gott,
daß die Menschen im Grunde ihrer
Herzen
sich selbst ähnlich wären,
und daß dort das Gebet Platz
finden würde.

Es wäre nötig,
daß Du uns herausführtest aus unseren
Wüsten,
und daß Du uns zu Dir
zurückführtest,
wenn wir uns verirrten.

Gott, wir bitten Dich darum,
versammle uns aus allen vier Winden.

Die Schönheit der Heiligen

Die durchsichtige Schönheit der Heiligen:
Gott, der sich in sie versenkt, liest sich
in Durchsichtigkeit.

Aber sie,
ganz tief in ihnen
erleiden nichts
als die Abwesenheit.
Schwester Miriam

Friedens-Hoffnung

Wenn der Glaube verschwinden wird,
wenn die Hoffnung dein Gesicht berühren
wird,
wenn die Liebe die Welt verbinden wird,
wenn die Zeit vergangen sein wird,
wenn die Instrumente gestimmt sein werden.
wenn die Flüsse in die Hände klatschen,
wenn die Greise sich verbeugen,
wenn die Tore des Tages sich nicht mehr
schließen,
wenn Hochzeit gefeiert wird auf der Erde,

wird endlich der Friede
sich einstellen.

Das menschliche Rad des Friedens wird
das Universum bedecken

Die Gabe wurde vermehrt

Ich gab ein Gedicht.
Sie nahm das Gedicht und setzte es in
Musik.
Er nahm das Gedicht und rief uns zum
Gottesdienst.
Sie nahmen das Gedicht und lasen es
im Chor.
Sie nahm das Gedicht und predigte zu
den Menschen.
Er nahm das Gedicht und tanzte seine
Bedeutung.
Sie nahmen das Gedicht und lasen es
gemeinsam.

Sie nahm das Gedicht und malte ein
Bild.
Oh Gott, die Gabe wurde vermehrt!
Ann Weems

Ich muß mein Alter leicht nehmen

»Noch so ein Tag, der ausgefüllt werden will, den ich schweigend durchlebe, an dem ich in die Luft starre und auf die Lichter an der Wand. Wahrscheinlich wird niemand kommen. Ich habe keine Pflichten, außer mir selbst gegenüber . . .

Das ist nicht wahr. Ich habe eine Verpflichtung allen denen gegenüber, die sich um mich kümmern – die Verpflichtung, kein Problem zu sein, keine Last zu sein. Ich muß mein Alter leicht nehmen für uns alle, und, Gott sei Dank, kann ich es noch. Oh, hoffentlich auch bis zum Ende. Jeder Tag muß dann ausgefüllt sein mit meiner ersten Pflicht, ›in Ordnung zu sein‹.

Aber ist diese Versicherung nicht eine Gabe, die wir alle uns gegenseitig geben – täglich, stündlich?«

Ich frage mich, ob wir wirklich ganz so pflichtbewußt sein müssen. Mit einer Freundin in meinem Alter tauschen wir uns heiter über die schlimmsten Symptome und auch über unsere tiefe Furcht aus.
Wir sprechen häufig vom Tod, denn wir sind sehr wachsam gegenüber der Erfahrung des Unbekannten, das so nahe sein könnte; und nur zu denen, die im selben Alter sind wie ich selbst, kann ich frei sprechen.

Über die eigene Gesundheit zu sprechen – was ich möchte – ist im allgemeinen voller Risiken.

Eine schlechte Gesundheit ist für die meisten Menschen unerfreulich, denn es macht sie hilflos, bedroht und es kann aussehen wie eine ungerechtfertigte Forderung nach Sympathie.

Nur wenige glauben an die Schmerzen eines anderen, und wenn der Mensch Schmerzen hat, sie nicht zeigt und die Schmerzen vergessen kann, wenn er nur will, sind sie dann wirklich?

In ihm selber, wo sie auch versteckt werden sollten, nehme ich an.

Unvermögen sammelt sich bei den Alten, wir haben wirklich Schmerzen, und wenn wir dennoch fröhlich sein müssen, dann ist das verkehrt und ein Teil unserer Isolation.
Ann Weems

Friede wie die sanfte Nacht
Segen

Friede sei mit Dir
tief wie eine Straße, die sich dahinzieht,
tief wie die sich verströmende Luft,
tief wie die stille Erde,
tief wie die funkelnden Sterne,
tief wie die sanfte Nacht.

Mond und Sterne mögen ihr heilendes Licht
über dich ausgießen.

Der tiefe Friede von Christus sei mit dir,
der das Licht der Welt ist,
der tiefe Friede von Christus.
W. Lafayette

Der Segen des Gottes von Sarah

Der Segen des Gottes von Sarah
und Abraham,

der Segen des Sohnes,
von Maria geboren,
der Segen des Heiligen Geistes,
der über uns wacht wie eine
Mutter über ihre Kinder,
sei mit euch allen.
Amen.
Lois Wilson, Kanada

Niemand lebt ohne Namen

Frauen glauben – Frauen leben

Gebet auf eine neue Geburt

O barmherziger Gott des Lebens und des Gebärens,
wie du in den Wehen leidest, um die neue Schöpfung zu gebären!
Ja, du stößt Schreie aus wie eine Frau, die ein Kind gebiert.
Und der Heilige Geist stöhnt mit dir.
Doch dein Schreien wird zu Freudenschreien,
wenn du dann zerbrechliches neues Leben vor dir siehst.
Auf Zehenspitzen erwartet die ganze Schöpfung, daß deine Töchter
und Söhne gezeigt werden;
wir selbst verlangen danach, in die große Freiheit deiner Kinder
einzutreten.
Wer kann sich zwichen uns und die Liebe Gottes stellen?
Eine Mutter könnte uns immerhin vergessen,
doch du wirst uns nicht aufgeben!
O Gott, unser Gott, wie ist dein Name auf dem ganzen Erdball
so voll der Wunder!
Ruth C. Duck, USA

Die Kraft, zu entdecken
Wechselgesang

Alle:
Geist des Lebens, wir gedenken heute der Frauen, der bekannten wie der namenlosen, die zu allen Zeiten die Kraft und die Gaben, die du ihnen gegeben hast, nutzten, um die Welt zu verändern. Wir rufen diese unsere Urmütter an, uns darin zu helfen, in uns selbst die Kraft zu entdecken, die von dir kommt – und sie so zu nutzen, daß eine Welt entsteht, in der Gerechtigkeit und Frieden regieren.

Wir gedenken SARAHS, die zusammen mit Abraham Gottes Ruf folgte, ihre Heimat verließ und ihren Glauben auf einen Bund mit Gott gründete. Wir bitten um die Kraft ihres Glaubens.

Wir gedenken ESTHERS und DEBORAS, die durch ihr Handeln aus persönlichem Mut ihr Volk erretteten.
Wir bitten um die Kraft in ihrem Mut, um uns für das Gemeinwohl einzusetzen.

Wir gedenken MARIA MAGDALENAS und der anderen Frauen, die Jesus nachfolgten und denen man keinen Glauben schenkte, als sie die Auferstehung verkündeten.
Wir bitten um die Kraft ihres Glaubens angesichts von Zweifel und Mißtrauen.

Wir gedenken PHÖBES, PRISCILLAS und der anderen Frauen in der frühen Kirche, die sie mit führten.
Wir bitten um ihre Kraft, um das Evangelium zu verkünden und die Gemeinden zu inspirieren.

Wir gedenken der Äbtissinnen des Mittelalters, die Glauben und Wissen lebendig erhielten.
Wir bitten um ihre Kraft zu Führungsrollen.

Wir gedenken TERESAS von Avila und KATHERINAS von Siena, die sich gegen die Verderbtheit in der Kirche in der Zeit der Renaissance wandten.
Wir bitten um die Kraft ihrer Einsicht und die Offenheit und Unverblümtheit ihrer Sprache.*

Alle:
Wir gedenken unserer eigenen Mütter und Großmütter, deren Leben das unsere geprägt hat.
Wir bitten um die besondere Kraft, die sie uns weitergeben wollten.

Wir bitten für die Frauen, die in ihrem eigenen Zuhause Opfer von Gewalt sind.
Möge ihnen die Kraft zuwachsen, ihre Angst zu überwinden und nach Lösungen zu suchen.
Wir beten für die Frauen, die in einem Leben in Armut und Unterernährung stehen.
Möge ihnen die Kraft der Hoffnung zuwachsen, um zusammen auf ein besseres Leben hinzuarbeiten.

Wir beten für die Frauen, die heute in ihren Arbeitsgebieten Besonderes wagen.
Möge ihnen Ausdauer als Kraft zuwachsen, um so allen Frauen neue Arbeitsgebiete zu erschließen.

Alle:
Wir beten für unsere Töchter und Enkelinnen.
Möge in ihnen die Kraft wachsen, ihr ganz eigenes Leben für sich zu entdecken.
(Fügt hier alle Frauen an, derer Ihr gedenken oder für die Ihr beten möchtet.)

---

* (An dieser Stelle möchtet Ihr vielleicht der Frauen der heutigen Zeit aus Eurem Kulturkreis gedenken und des Beitrags, den sie geleistet haben, z. B. der ersten ordinierten Frau, der ersten Ärztin usw.)

Alle:
Wir haben viele Frauen in Vergangenheit und Gegenwart besungen, die die Kraft hatten, das Leben mit zu gestalten. Jetzt ist es Zeit, auch uns selbst zu feiern. In einer jeden von uns ist wie in ihnen Leben, Licht und Liebe angelegt. In einer jeden von uns ist der Keim zu Kraft und Heiligkeit beschlossen. Mit unseren Körpern können wir Liebe fühlbar machen; mit unseren Herzen können wir Heilung bringen; mit unserem Verstand können wir Glauben, Wahrheit und Gerechtigkeit erkennen. Geist des Lebens, begleite uns in unserem Suchen.
Ann M. Heidkamp, USA

In vielen Gesichtern glaubte ich, dich zu erkennen

In vielen Gesichtern glaubte ich, dich zu erkennen . . .
im strengen Vater
selbst erfolgreich, nun fordernd,
daß ich mich hervortue
und mir seine Anerkennung verdiene,
ehe ich seine Zuwendung haben könne
. . . und ich hoffte auf seine Liebe.

In vielen Gesichtern glaubte ich, Dich zu erkennen . . .
in der treusorgenden Mutter
abgehärmt und voll Hingabe
sich selbst aufopfernd
immer nur an andere denkend
und doch, nur ihre Art, die zählt
. . . und ich sehnte mich nach ihrer Liebe.

In vielen Gesichtern glaubte ich, dich zu erkennen . . .
in einem trostvollen Freund,
auf den ich mich verlassen konnte,
der mir gab, was ich zum Leben brauchte und mit mir ging
in der Verlassenheit,

als ich durch Tiefen hindurchging
und auf längst vergessenen Pfaden war
. . . zusammen auf der Suche nach Liebe.

In vielen Gesichtern glaubte ich, dich zu erkennen...
der du Leben und allen Dingen ihre Ordnung gibst,
der du um alles weißt,
alles bist,
alles erschaffst,
alles wahrnimmst
stets wachsam
selbst im Dunkel der Nacht
. . . und ich fürchtete mich vor deiner Liebe.

In vielen Gesichtern glaubte ich, dich zu erkennen . . .
in Menschengestalt, voll Tragik
liebend . . . verletzend
wütend . . . traurig
dem auch der Tod eines Sohnes nicht erspart blieb
doch eins mit uns im Erleiden
. . . und im Verlangen nach Liebe.

In vielen Gesichtern glaubte ich, dich zu erkennen . . .
in allen . . . und keinem.
Mary Ellen Gaylord, USA

Die Eindringlinge

Gott, wir fühlen uns genau wie die Sünderin im vornehmen Hause Simons, des Pharisäers. Wir sehen uns selbst wie Eindringlinge und Störenfriede, deplaziert, Unruhestifterinnen in der Welt der Männer und in ihrer Kirche. Aber wir lieben dich, Jesus Christus, der du die Frau gesehen hast und der du uns siehst, der du uns liebst und uns aufrichtest. Wir dürfen zu dir kommen mit unseren Niederlagen und Sünden, unseren Tränen und unseren Küssen, mit unseren Waschei-

mern und Putzlappen, unseren Windeln und Scheuerbürsten, mit unseren Gefühlen und unseren alltäglichen Dingen, unseren Sehnsüchten und Erwartungen und auch mit unserem Wissen und unserer Bildung, unseren neuen Aufgaben und unserer neuen Verantwortung in der Gesellschaft. Wir sind Sünderinnen, die dich um Vergebung bitten, aber wir sind auch stark, unbhängig und nicht unterzukriegen, wenn wir uns durch deine Liebe aufrichten lassen. Darum können wir in Frieden gehen und dir mit Freuden dienen, wo immer du uns hinführst auf unserem Weg im Gebet.
Brita Salomon, Schweden

Wechselgesang für viele Stimmen

Ich bin Eva.
Ich nahm den Apfel.
Adam aß ihn auch,
aber ich bekam alle Schuld.

Ich bin Sarah.
Eine Frau wie viele
packte ich und folgte
seinem Ruf gehorsam,
nicht mir selbst.

Ich, Miriam, Prophetin,
tanzte und sang mit einer Zimbel.
Ich führte die Frauen an, als sie feierten –
Schwestern, schließt Euch unserem Tanz an.

Samson war stark
aber meine List war stärker,
ich bin Delilah.

Ich habe keinen Namen außer »Jepthah's
Tochter«.

Er opferte mich seinem grausamen
Gott.
Oh, betrauert mit mir
meine verlorene Jungfräulichkeit.

Ich bin Jezebel von schlechtem Ruf,
von Pferden niedergetrampelt, von Hunden
gefressen,
aber ich malte meine Augen an und
zierte meinen Kopf
und trug meine Krone, als ich den Tod traf.

Ich, Vashiti, kannte meinen Wert,
und weigerte mich, auf königlichen Befehl
zu kommen,
und drohte so allen Männern auf Erden.

Ich bin Judith, beredsam und weise,
die nicht an ihr eigenes Leben dachte,
sondern von Gott bemächtigt ihr Messer nahm
und Holofernes Kopf abschlug.

Ich bin alt und braun.
Vom Mutterleib bis zum Grabe habe ich
bemuttert und beklagt,
denn ich bin Naomi, die Weise.
Ich erkannte in Ruth eine unbekannte
Liebe.

Ich bin Anna.
Ich wußte, was zu sagen war.
Ich blieb im Tempel nicht still.
Ich erkannte Gott, als ich ihn sah
und sagte das auch.

Ich bin Martha,
die den Tisch deckte, den Tee holte
und Jesus und Maria bediente.

Es ist hart, mit der Arbeit allein gelassen
zu werden.

Ich bin eine Frau, die gerade gesteinigt
werden soll.
Ich habe es gewagt, mir einen Liebhaber
zu nehmen.
Ich sah Männergesichter – ärgerlich
und drohend.
Der Mann Jesus sah in den Sand
und fand nichts Verdammenswertes.

Ich bin eine Frau in der Menge,
die es aus Glauben wagte, zu berühren.
So eine kurze Begegnung
war meine Heilung.

Ich, Maria von Magdala,
folgte bis zum Ende,
stand weinend am Grab
und sah, ich sah den auferstandenen Herrn.

Ich, Lydia, Purpurverkäuferin,
hörte die gute Nachricht
und erhielt die Taufe und gab sie weiter.

Ich bin Tabitha
feinste Handarbeiterin,
ich stand von den Toten auf.

Ich bin Maria.
Ich liebte mein Kind,
wofür ich in Ewigkeit
die patriarchische Krone tragen muß.
Ich flehe euch an, meine Schwestern
helft mir die Last abzunehmen
und niederzulegen.
Ence und Janet

Beschenkt mit dem Krug aus Alabaster
Gloria

Jeder von uns beschenkt
mit dem Krug aus Alabaster,
beobachten wir und hören auf die Zeit,
wenn es richtig ist,
ihn aufzubrechen,
um den kostbaren Inhalt zu verschütten
über das, von dem wir erkannt haben,
es ist ewig, gut und wahr.

Es wird Lärm darum gemacht werden.
»Nicht praktisch!«
»Welche Verschwendung!«
»Wir sagten nicht, daß ihr das tun könntet!«
»Ihr seid im Unrecht!«

Aber eine Stimme,
kann sein flüsternd,
tritt in das Chaos ein
und sagt für die, die hören:

»Laßt sie allein.
Warum quält ihr sie?
Sie hat etwas wunderbares
für mich getan!«

Für die »Vorschwestern«
Glaubensbekenntnis

Frauen des Glaubens, die, bevor ich geboren wurde, ersonnen hatten, wie sehr Glaube und Freiheit eins sind mit Gottes Absicht. Sie, meine »Vorschwestern«, lebten und starben, damit mein Glaube und Leben mehr Freiheit haben konnten. Ihretwegen kann ich Gottes Ruf antworten. Ihretwegen schöpfe ich Kraft aus der Vergangenheit, ihr Werk weiterzuführen und die Zukunft zu verändern. Frauen gestern und Frauen heute, alle stellen sie sich vor, daß wir eines Tages alle eins sein werden, gleichberechtigt in der Liebe, in der Verantwortung und in der Macht in Welt und Kirche. Frauen des Glaubens, Frauen der Vergangenheit, ihr seid gegenwärtig in meinem Glauben und meiner Zukunft. Ihr seid dabei beim Kampf für die Geburt der Zukunft.

Frau, warum weinst Du?
Meditation über Johannes 20,11–18

Wir identifizieren uns mit Maria, als sie ihren Namen hört von dem Freund, den sie verloren glaubte.
Wir müssen erkennen, WARUM Jesus sie bei ihrem Namen rief.
Frau, warum weinst du?
Das fragt Jesus mich heute.
Warum weine ich? . . . über den Zustand dieser Welt,
. . . über die Unterdrückung von Frauen, die Verzweiflung so vieler
. . . Armut, Hunger, Ungerechtigkeit
. . . Kriege, Katastrophen, Angst
Kann Christus nicht sehen, warum ich weine?
Aber wartet . . . da ist noch mehr, ich bin gefragt zu gehen – und weiterzusagen
Geh . . . Tue etwas . . . Handle.
Steh nicht nur da und weine.
Mir wird eine Aufgabe gegeben, ein Leben zu leben. Oft vergesse ich meine Berufung,
Gott UND den Nächsten wie mich selbst zu lieben.
Den Menschen, der es nötig hat, Gottes Liebe durch meine Taten zu erfahren.
Sie mag ganz anders leben als ich.
Sie mag eine alleinstehende Mutter sein, ein schwangeres junges Mädchen, eine Lesbierin.

. . . höre ich zu und versuche zu verstehen?
Meine Nächste mag gerade streiken oder eine Rassistin sein
oder eine Kommunistin oder eine Christin aus einer anderen Denomination.
Mein Nächster mag die Familie sein, die Tür an Tür mit mir
lebt.
Wo in diesen Begegnungen macht sich mein Glaube fest
. . . meine Liebe, mein Verständnis, mein Handeln?

Ich möchte nicht mit Illusionen leben. Ich weiß, es gibt Unterschiede zwischen mir und anderen, und oft gebe ich ihnen die Schuld. Jesus redet zu mir wie zu Maria. Nun muß ich Zeugin sein für die Tatsache seiner Liebe.

Geh ... erzähle. Denn es ist eine gute Nachricht, was ich zu sagen habe: Daß, ganz gleich in welcher Situation wir sind, oder wer wir sind, Gott mit uns ist, wie er sich in Jesus offenbart hat.

O Gott, Mutter und Vater aller, ich danke dir für das Geschenk eines Menschen, der deine Liebe offenbart. Besonders für deine Achtung und Sorge für Frauen, weil du uns uns selbst gegeben hast als Person voller Wert und Macht. Macht, um Ungerechtigkeit, Armut und Verzweiflung entgegenzutreten. Und weil Du uns fähig machst, unsere Gaben der Pflege und Sorge denen zu geben, mit denen wir in Kontakt kommen. Vergib mir, wenn ich Fehler mache und aufgebe. Möge dein Heiliger Geist mich dann wieder aufwecken mit ihrer Stimme, die mich ruft zu gehen, zu handeln und zu leben.
Das bitte ich in Jesu Namen.
Frankie Tillman, United Church Vancouver, British Columbien

Zwei Welten
Meditation nach Johannes 4,4–30

Heiß, müde, allein sitzt er da.
Heiß, emsig, allein nähert sie sich.

Er dreht ihr den Rücken zu. Sie zögert, überlegt, dann wirft sie ihre langen offenen Haare zurück und sinnlich wiegt sie sich zur Quelle hin und zu ihm. Er ist ein Fremder, aber das macht nichts. Männer wollen nur eins – das hat sie früh herausgefunden – und sie wußte es ihnen zu geben. Es war in Ordnung, solange sie nicht in ihre Augen sah. Sie duckte sich (davor).

Seine Augen sind geschlossen. Sie gibt vor, ihn zu überraschen. Als sie Wasser schöpft, spürt sie, daß er sie bemerkt hat.

»Gib mir zu trinken.«

Seine Stimme ist höflich. Verwirrt ist ihre Antwort, argwöhnisch.

Sie ist eine Frau mit Vergangenheit, einer Gegenwart und einem Interesse an der Zukunft. Er ist ein Mann, der sich für all das interessiert. Er betritt ihre Welt, herausfordernd. Sie betritt seine, fragend.

Für sie ist das eine neue, verwirrende Erfahrung. Seine Worte sprechen von einem Angebot von Freundschaft und einem Leben voll Würde und Respekt.

Kann sie ihm trauen? Kann sie dieser neuen, anderen Beziehung trauen?

Sie hebt ihren Kopf und schaut in seine Augen. Und sieht ihr eigenes Bild – liebend und wahr und gut und liebenswert und wirklich!
Mary Laudry, R. C. Toronto, Ontario

Gib uns Kraft, uns zu empören
Fürbittengebet

Wir sind oft erschöpft und fühlen uns erniedrigt und unterdrückt. Hilf uns, harte Zeiten aushalten und gib uns Kraft, uns zu empören, wenn wir ungerecht behandelt werden.

Hilf den Frauen, die auf sich selbst gestellt sind, von keinem geliebt. Laß sie fühlen, daß du Liebe bist und sage ihnen, daß jemand ihre Liebe braucht.

Hilf den Frauen, die kein Vertrauen zu sich selbst haben.
Gib ihnen deine Macht und zeige ihnen, daß durch dich, den Geber des Lebens, Vertrauen gefunden wird.

Hilf den Frauen, die allein mit ihren Kindern sind, um die sie sich kümmern müssen.
Gib ihnen die Gelegenheit, Freundschaft zu finden.
Halte sie, damit Haß gegen die, die sie verließen, nicht entsteht.

Hilf den Frauen, die trotz ihrer Ehe in Einsamkeit leben, weil sie von denen, die sie einst liebten, weggetrieben worden sind, ohne diese Entwicklung zu wollen.

Hilf den Frauen, die Gelegenheiten haben, Erziehung und Überschuß an Kraft, laß sie ihre Kraft für andere Frauen gebrauchen, die ihre Unterstützung nötig haben.

Wir danken dir für Freunde und Gefährten, mit denen wir wirkliche Freundschaft und Liebe genießen, Frauen und auch Männer. Wir danken dir für die Möglichkeiten, die du uns im Leben gabst, in der Liebe zu wachsen, für dich und alles, was du geschaffen hast.
E. J. C.

Gott unserer Verwechslungen
Fürbittengebet

Von den Versuchungen des Selbstmitleids und der Ausbeutung anderer durch unsere eigene Schwäche, mögen wir in Gnade ablassen.

Vom Wettbewerb mit unseren Schwestern und Brüdern, statt ihre einzigartige Stärke zu werten, mögen wir befreit werden.

Davon, Träger von Verzweiflung, Zynismus und Spott zu sein für das, was jung und neu ist oder gerade erst begonnen wird, mögen wir gerettet werden.

Davon, Ankündiger einer neuen Enge zu sein und Scherze zu machen über das, was alt oder anerkannt ist und doch voller Sinn, mögen wir verschont werden.

Dafür, daß wir zulassen, daß der Mangel an eigenem Glauben die Gelegenheit wird, den Glauben anderer zu zerstören und die Bemühung anderer herunterzuziehen, wenn wir sie aufbauen und unterstützen sollten, möge uns vergeben werden.

Davon, Krieg zu machen und es Frieden zu nennen, besondere Vorteile und es Gerechtigkeit zu nennen, Gleichgültigkeit und sie Toleranz zu nennen, mögen wir geheilt werden.

Darüber, daß wir uns und anderen erzählen, daß das Böse unvermeidbar ist und das Gute unmöglich, mögen wir korrigiert werden.

Gott unserer Verwechslungen, Tragik, unseres Sehnens, zweifelnden und aufrührerischen Lebens, hilf uns, so gut zu sein wie wir in unserem Herzen immer sein wollten. Hilf uns, die Vision deines Reiches und deines Volkes hochzuhalten. Gib uns Stärke, uns in unseren Visionen und in unserer Realität auf dich zu berufen. Mögen wir wirklich eins sein im Geist, eins in Christus.

Aber wir verweigern uns . . .

Alle:
Wir alle gehören dir, und du willst bei uns sein.
Vergib uns, Gott.

Im Wechsel:
Du hast uns dazu berufen, wie Eva damals, an neuen Welten mitzubauen.
Aber wir verweigern uns, ziehen uns zurück in das, was bequem und sicher ist.

Du hast uns dazu berufen, genau wie Mirjam, um der Freiheit willen aufzubrechen, wegzugehen.
Aber wir verweigern uns, Beweihräuchern uns damit, wie weit wir es gebracht haben, verdrängen so, wie weit wir noch gehen müssen.

Du hast uns dazu berufen, genau wie Deborah, unsere Welt richtig einzuschätzen und darnach Entscheidungen zu fällen und Rat zu geben.
Aber wir verweigern uns, suchen eigene Gedankenlosigkeit zu rechtfertigen und uns in unseren Positionen anzupassen.

Du hast uns dazu berufen, genau wie Hulda, Gerechtigkeit walten zu lassen und Barmherzigkeit, wo sie allein nur noch helfen kann.
Aber wir verweigern uns, fühlen uns von Dingen, die uns angehen sollten, nicht betroffen, üben uns in Passivität und schützen Frömmigkeit vor.

Du hast uns berufen, genau wie Naomi und Ruth, einander zu lieben.
Aber wir verweigern uns, konkurrieren statt dessen gegeneinander und halten uns schadlos auf Kosten derer, die am meisten so sind wie wir.

Du hast uns berufen, genau wie Maria, in unserem Herzen das zu bewegen, was du gesagt hast.
Aber wir verweigern uns und werden statt dessen Perfektionistinnen.

Du hast uns dazu berufen, genau wie Thekla und Phoebe, Kirche neu zu bauen.
Aber wir verweigern uns, richten uns ein in dem System, in dem wir leben und rechtfertigen verstandesmäßig die Dinge, wie sie sind.

Alle:
Du, der du voll Barmherzigkeit alles heil machen willst:
wir nutzen das nicht, was uns als Möglichkeit gegeben ist.
Wir stellen uns der Berufung durch dich nicht.
Wir schlagen es aus, zusammen mit dir eine neue Gesellschaft und eine neue Welt aufzubauen.

Aber jetzt kehren wir um!
Wir wollen versuchen, das, was bisher war, hinter uns zu lassen.
Wir vertrauen in neue Partnerschaften, um durchzuhalten, auf neue Visionen von einem anderen Himmel und einer anderen Erde.

Beides kann in derselben Haut stecken

Gott, meine Welt ist nicht im Gleichgewicht
und die Spannung tut weh,
Wer bin ich?
Was tue ich hier?

Dein Wort kommt von allen Seiten
auf mich zu, und ich stehe verwirrt
vor diesem Strudel von Möglichkeiten.
Kann ich nicht entfliehen?

Mich zurückziehen in die sichere Anonymität
der täglichen Notwendigkeiten?

Du sagst »Rede!«, wenn meine Zunge stottert
und aufhört.
Die sagst »Liebe!«, wenn ich in meine tragbare
Muschel zurückkrieche.

Ist diese Frau, die hierdrinnen lebt
Mutter?
Frau?
Tochter?

Oder ist sie Christin?
Suchende?
Führerin?

»Beides kann in derselben Haut stecken«,
sagst du
lächerlich!

Wer kann sich aufs Suchen konzentrieren
mit einem Auge voll Haferflocken
und einem Schlückchen sich windender
Menschlichkeit?

Wen leite ich ohne richtige Ausbildung?
Ohne Hintergrund für korrekte Anforderungen?
Habe ich das Recht?

Ist da nicht eine Gefahr, daß ich sie irreleite?
O Gott, mir fallen so viele Entschuldigungen ein.

Aber das Wort ist noch da.
Es will mich nicht gehen lassen.
Es füllt mein Leben aus.
Es fällt in meine Welt ein.
Ich bin von Liebe überrascht,
und von der Freude zu reden
gezwungen.

So soll es sein.

Ich bin eine Frau.
Ich bin eine Christin.
Ich bin eine Suchende.

Aber, das schönste von allem, Gott, ich
bin deine geliebte Tochter!
Hedy Lodwich, USA

Leben in einer Schachtel

Manchmal schaue ich um mich
und finde mich in einer Schachtel.

Allein,
getrennt von den andern, die dann
und wann
erscheinen, um mit mir in der
Schachtel zu sein.

Ich habe Angst –
ich bin müde von der Last, lebendig
zu sein.

Ich kann einen schrecklichen Frieden
in meiner Schachtel finden,
sicher vor heute und gestern,
aber morgen muß da doch mehr sein.

Ziehe den Himmel auf!
Ich werde frei sein!
Sein.

Und dann werde ich lieben können,
und ich werde einem neuen Tag
entgegensingen.
Und ich werde den Sternen zuhören,
und ich werde das Geheimnis preisen,

bis mein Herz fast platzt und dann

werde ich auf einer Blech-
schachtel sitzen und singen

HALLELUJA:
Es lebe das Leben!
Virginia Olsen Baron

Für die Gemeinschaft von Frauen und Männern
Kyrie

Zu allen Zeiten hatten Frauen die Mühe, das Leben, das sie gebären, zu tragen und zu schützen und es als heilig zu betrachten.
Dann fuhren Männer fort, Millionen von Leben im Krieg zu vernichten.

Wir bitten Dich, Herr der Welt, unsere Wissenschaftler und militärischen Führer zu erleuchten, die uns im Falle eines Krieges nicht länger beschützen können.

Erbarm Dich unser!

Du hast uns geschaffen als Mann und Frau. So wie Vögel nicht fliegen können, ohne beide Flügel zu benutzen, so gib uns Männern und Frauen zusammenzuarbeiten, uns zusammen im Geist zu erheben, die Gefahren unserer Technologie zu überwinden, für die Menschheit den Weg in ein neues Zeitalter zu finden.

Erbarm Dich unser!

In der Qual habe ich Ausschau gehalten

Gestern habe ich eine Abtreibung machen lassen.
Seit vielen Wochen war mein Leben ganz dunkel,
voller Qual und Verzweiflung, Fragen und Furcht.

Gott, in mir hast Du realisiert gesehen, daß eine große Freude manchmal eine Last und Glück zu Unglück, Genesung zu einem Verlust werden kann.

In dieser Qual habe ich Ausschau gehalten nach Deinem Gesicht und Deiner Hand, ich habe um Deine Führung gebeten, aber sie nicht gesehen oder gefunden.

Unter diesen Umständen sind all die Leiden, die dazugehören, wenn man ein Kind erwartet noch immer so nahe, daß ich nicht »Danke« sagen kann. Aber dennoch danke ich Dir für die wenigen richtigen Freunde, die mich während dieser Zeit unterstützt haben.

Und doch, durch diese schreckliche Tat der Abtreibung wurde etwas in mir freigesetzt. War es, weil einem kleinen menschlichen Leben die Härte des Lebens erspart blieb und der Mutter des Kindes Spott und Mißachtung der Menschen?

Warst Du nach alldem doch in diesem tiefen dunklen Mißbrauch des Lebens, Gott?

Warst Du es, der mit mir ging und meine Hand hielt, genau in dem Moment, als ich mich ganz allein fühlte?
Warst Du es, der mir beistand, als die Lehren der Christen meine Gegner wurden?

Warst Du bei mir, als die Gläubigen mich mit ihren gnadenlosen Worten verletzten?
Warst Du es, der mich ermutigte zu leben, als Tod in einigen Augenblicken einfacher zu sein schien als Leben?
Bishop John Taylors-Sovik

Gebet für alle Mütter

Gott, heute bitten wir Dich für alle, die gerne Mütter wären, aber es nicht sein können oder dürfen. Wir bitten Dich für alle, die die Pille nehmen, obwohl sie lieber ein Kind hätten, und für die, die ein Kind erwarten, das nicht geplant war oder das sich nicht willkommen fühlen wird. Wir bitten Dich für die, die gegen ihren Willen zur Abtreibung gezwungen werden und für die, die eine Abtreibung wollten und es hinterher bereuten.

Gott, Du siehst ihre Not.
Wir bitten Dich für alle anderen, mit behinderten und kranken Kindern und für alle alleinstehenden Mütter, die gegen Müdigkeit und Isolation kämpfen.
Wir danken Dir für alle glücklichen Mütter, die in ihrer Rolle Genugtuung und Glück fühlen.
Und wir erflehen Deine Hilfe für die vielen Macht suchenden egoistischen Mütter mit dem Heiligenschein, die ihr Kind an sich binden wollen und seine natürliche Ablösung verhindern.

Wir bitten Dich, Gott, für Mütter, die nach Dir suchen und wir bitten Dich, die Kinder zu segnen, die erwachsenen Kinder, die Jugend, die kleinen Kinder und die jüngsten und auch für die, die gerade wachsen im Bauch ihrer Mutter.

Gebet einer Nur-Hausfrau

Gott
ich preise dich
mit dem Beutel Staub
den ich von Sofa und Boden gesaugt
habe

mit dem Berg Geschirr
der unter meinen Händen wieder Glanz
annimmt
zur nächsten Mahlzeit

mit dem Seifenschaum
auf eingezogenen Hälsen

mit Salbenfingern
auf Babys Popo

mit Pflaster
auf zerschundene Bubenknie

mit der Hand auf dem sandigen Struwwel-
kopf
von Schluchzen geschüttelt

mit Wadenwickeln
auf fieberheiße Haut

ich preise dich mit meinen zwei Händen
voll Dreck und Abwasch und Windelkot
und Tränen und Trost
und Not-
wendigkeit
deiner
Welt
H. Piccon-Schultes

Eine Mutter ist eine Person

Eine Mutter ist eine Person,
die auf die Welt bringt,
Unordnung aufräumt,
verschmutzte Gesichter küßt,
1000de Erdnußbutterbrote macht
und nichts öfter sagt als »ja«.

Eine Mutter ist eine Person,
die Chauffeur ist,
persönliche Sekretärin
und Generalunternehmer,
einbricht und den Hund füttert,
nach zahlreichen verlorenen Dingen Jagd macht
und verletzt ist, wenn ihr Kind verletzt ist.

Eine Mutter ist eine Person,
die sich (manchmal) erinnern sollte,
daß sie eine Person ist.
Mary Eleanore Rice

Ich sehne mich nach Stille

Gebet einer Hausfrau

Entschuldige Gott,
daß die Waschmaschine rattert
und sogar heute arbeitet.
Zwei dieser Kleinen
brauchen saubere Windeln.

Ich habe versucht, auf Dein Wort zu hören –
im Radio, um 10 an diesem Morgen,
aber dann mußte eins auf den Topf,
eins fiel hin und tat sich weh
und verschüttete unterdessen ein Glas Milch.
Dann klingelte das Telefon.

Entschuldige, Gott,
ich wollte nicht, daß der Sonntag
so wurde –
wie all die anderen Tage.
Ich sehne mich nach Stille
und einer Zeit des Nachdenkens.

Aber Du hast mich gehört, als ich stöhnte,
während
ich den Abwasch machte.

Entschuldige, Gott,
ich muß rennen, die Kartoffeln
kochen über.

Mein Sonntag war keine himmlische
Pause,

aber mit meinen arbeitenden Händen
ruhe ich in Deiner Gegenwart.

Du siehst, ich habe heute eine saubere Schürze
für Dich angezogen.
Dänemark (Report about Women in Danish Churches)

... wo niemand ohne Namen lebt

Es ist mehr als das, weißt du –
mehr als die Entscheidung,
wer die Tür öffnet.
Wer bei der Versammlung den Vorsitz hat,
wer den Fußboden wachst.
Oder den Frauen zu erlauben,
an einem heiligen Ort zu sprechen.
Die Vision regt sich gerade in der Schale
und verlangt nach einer Bewegung,
einem Aufbrechen der einzelnen Teile,
einer Befreiung von der Vergangenheit.
Die Vision heißt
die Frau wird
zu einer Frau
und der Mann,
zu einem Mann,
die sich lieber umeinander sorgen als zu
konkurrieren.
Die einige Zeit damit verbringen, zuzuhören
die »Schwester« und »Bruder« schreiben
statt »sehr geehrter Herr«.
Die ihr Leben für einander geben
fütternd
heilend
berührend
vergessend, daß einer »groß« genannt wurde

und einer nichts –
Menschen, die frei sind, einander nötig
zu haben
in der Einheit
eines Geistes,
wo jede Person die Gabe ist
und der Gebende
und niemand ohne Namen lebt.
Greta Schumm

Hör mich an, Sara

»Hör mich an, Sara, hör mich an.
Man hat Dir gesagt: Mein Mädchen,
Du bist dies und jenes. Und ich,
ich sage Dir: Du bist, die Du bist, Sara.

Man hat Dir gesagt: die Dinge sind wie
sie sind. Zu wollen, daß sie anders seien,
ist dumm und sündig, Dünkel, der Traum
eines Kinds, Aufstand! Und ich, ich sage
Dir: ändre die Welt!

Man hat dir gesagt: mach das gut, was Du
zu machen hast. Respektiere das Gesetz,
bleib an Deinem Platz. Und ich, ich sage
Dir: geh fort, Sara!

Man hat Dir gesagt: Mein Mädchen, Du mußt
auf Deine Gesundheit achten, gib gut Acht,
normal zu sein und gesund und
ganz und gar an alles angepaßt, was sich
gehört. Und ich, ich sage dir: verwandle
deine Schwäche in Kraft und sei frei, Sara,
meine Schwester.«

Lege die kindischen Dinge beiseite

Ich bin 25
und wenn ich ein Mädchen genannt werde,
spreche ich wie ein Mädchen.
Ich flirte und kichere und stelle mich dumm.
Aber wenn ich mich daran erinnere, daß
ich eine Frau bin,
lege ich die kindischen Dinge weg
und sage, was ich denke und teile und liebe.

Ich bin 36
und wenn ich ein Mädchen genannt werde,
denke ich wie ein Mädchen.
Ich fühle mich untauglich
und deshalb helfe
ich den Männern um mich herum und bediene sie.
Aber wenn ich mich daran erinnere, daß
ich eine Frau bin,
lege ich die kindischen Dinge weg
und arbeite und schaffe und erreiche etwas.

Ich bin 52
und wenn ich ein Mädchen genannt werde,
verstehe ich wie ein Mädchen.
Ich lasse andere mich beschützen
vor der Welt.
Aber wenn ich mich daran erinnere, daß
ich eine Frau bin,
lege ich die kindischen Dinge weg
und entscheide und riskiere und lebe mein
eigenes Leben.
Nancy R. Smith

Minnie erinnert sich

Gott,
meine Hände sind alt.
Ich habe das noch nie vorher laut ausgesprochen –
aber sie sind es.
Ich war einmal so stolz auf sie.
Sie waren zart
wie die samtene Glätte eines festen, reifen
Pfirsichs.
Nun ist die Zartheit eher wie abgenutzte
Bettücher.
Oder verwelkte Blätter.
Wann wurden diese schmalen, anmutigen
Hände
knorrige, geschrumpfte Klauen?
Wann, Gott?
Sie liegen hier in meinem Schoß,
nackte Erinnerungen an diesen abgenutzten
Körper, der nur zu gut gedient hat!

Wie lange ist es her, daß mich einer
angefaßt hat?
20 Jahre?
20 Jahre bin ich eine Witwe gewesen
respektiert,
angelächelt,
aber nie berührt,
niemals so eng gehalten, daß die Einsamkeit
ausgelöscht wurde.

Ich erinnere mich, wie meine
Mutter mich immer hielt.
Gott.
Wenn ich verletzt war an Geist oder Körper
nahm sie mich dicht zu sich heran
streichelte mein seidenes Haar

und umarmte meinen Rücken mit
ihren warmen Händen.
O Gott, ich bin so allein!

Ich erinnere mich an den ersten Jungen,
der mich jemals küßte.
Wir waren beide so neu in diesen
Dingen!
Der Geschmack von Popkorn und jungen
Lippen,
das Gefühl im Innern von Geheimnissen,
die kommen würden.

Ich erinnere mich an Hank und die Kinder.
Wie kann ich mich anders an sie erinnern
als zusammen?
Die Kinder kamen aus tastenden,
ungeschickten Versuchen neuer Liebender.
Und wie sie wuchs unsere Liebe.
Und Gott, Hank schien es nichts zu machen,
wenn mein Körper etwas dicker und
verwelkter wurde.
Er liebte ihn immer noch und faßte
ihn an.
Und es machte uns nichts, daß wir nicht
länger schön waren.
Und die Kinder umarmten mich oft.
O Gott, ich bin allein!

Gott, warum haben wir die Kinder nicht
dazu erzogen, dumm zu sein
und gefühlvoll sowohl als
würdevoll und in Ordnung.
Du weißt, sie tun ihre Pflicht:
Sie fahren in ihren feinen Autos vor:
Sie kommen in mein Zimmer und
zeigen mir Respekt.

Sie schwatzen strahlend und schweigen
in Erinnerungen.
Aber sie berühren mich nicht.
Sie nennen mich »Mama« oder »Mutter«
oder »Großmama«.

Niemals Minnie.
Meine Mutter nannte mich Minnie
und so auch meine Freunde.
Hank nannte mich auch Minnie.
Aber sie sind gegangen –
und mit ihnen Minnie.
Nur Großmutter ist hier.
Und, Gott! Sie ist einsam!
D. Swanson

Du sangst meinen Namen

Liebe Schwester Gott.
du hast mich bei meiner Geburt
gehalten.
Du sangst meinen Namen und warst
froh, mein Gesicht zu sehen.
Du bist mein Himmel, meine scheinende
Sonne,
und in deiner Liebe ist immer Platz
zu sein und zu wachsen, ein Zuhause
zu finden, einen festen Platz.

Liebe Schwester Gott.
dir gehört die Liebe, die zuhört,
wenn Menschen sich treffen und sich
vertrauen, wenn das Teilen wächst,
das ›ja‹ murmelt und wieder ›ja‹,

wenn Seufzer und Verletzungen, zu tief
für Worte,
ausgesprochen werden, umarmt, akzeptiert,
gehört,
wenn Mut wächst.

Liebe Schwester Gott,
in Christus klingt deine Liebe wahr –
Direktoren, Sitzungssäle und Bosse
verlieren ihre Herrschaft.
Dein Dienst, frei von Knechtschaft,
bringt eine Liebe hervor, die, stark im
Geben,
kämpfen kann, leiden, sorgen und
leben
auf einem besseren Weg.

Komm, Schwester Gott,
wir machen eine andere Erde,
wo alle wachsen können und wissen, daß
Leben gut ist.
Wo keiner ausbeutet, gewinnt oder verliert,
sondern Schwestern und Brüder, Hand in Hand,
das versprochene Land erkunden und nach
dem Land der Menschlichkeit streben.
Brian Wren

Vorbotinnen

Plötzlich fällt es mir
wie Schuppen von den Augen:

Frauen waren es,
die als erste die Osterbotschaft verkündeten –
die unglaubliche!

Frauen waren es,
die zu den Jüngern eilten,

die atemlos und verstört
die größte aller Nachrichten weitersagten:

Er lebt!

Stellt euch vor, die Frauen hätten
in den Kirchen Schweigen bewahrt!
Märta Wilhelmsson, Schweden

Gott, Du Bäckerin

Gott, Du Bäckerin,
ich bin dein lebendiges Brot.
Stark, braun, Gott, du Bäckerin,
ich bin dein flacher, weicher Laib,
  der Gestalt annimmt.
Ich bin dein Brot, das aufgeht, gut geknetet
  von einem Paar göttlicher und knotiger
  Knöchel, von deinen warmen Erdenhänden.
Ich bin gut geknetetes Brot.

Lege mich in dein Feuer, Gott, Du Bäckerin,
  lege mich in dein eigenes helles Feuer.

Ich bin warm, durchwärmt wie Du vom Feuer.
Ich bin weiß und golden, weich und hart,
  braun und rund.
Ich bin so schön durchwärmt vom Feuer.

Brich mich, Gott, Du Bäckerin.
Ich werde gebrochen unter deinem fürsorgenden Wort.
Tauche mich in Stücken in Deinen besonderen Saft.
Tauche mich in dein Blut.
Ertrunken, ich, in der großen roten Flut.
Sich selbst hingebender Kelch, schlucke mich.
Meine Haut strahlt im göttlichen Wein.
Mein Gesicht ist vom Kelch bedeckt, und ich ertrinke.

Ich tauche auf in einem roten Teich,
in einer goldenen Welt,
wo deine sonnendurchglühte Hand ist,
um mich aufzufangen und zu halten.
Gott, Du Bäckerin, mach mich neu.
Alla Bozarth-Campbell, USA

Eine wandernde Aramäerin war meine Mutter

Eine wandernde Aramäerin war meine Mutter.
In Ägypten hat sie Sklaven geboren.
Dann rief sie den Gott unserer Mütter an.
Sarah, Hagar, Rebekka, Rahel, Lea.
Gelobt sei Gott, der uns hört, immer und immer.

Eine Kriegerin, Richterin und Hure war meine Mutter.
Gott bediente sich ihrer von Zeit zu Zeit.
Sie gab, was sie konnte, und war willig.
Rahab, Jael, Debora, Judith.
Gelobt sei Gott, der sich unserer bedient,
immer und immer.

Eine galiläische Jungfrau war meine Mutter.
Sie trug unser Leben und unsere Hoffnung.
Und ein Schwert durchbohrte auch ihre Seele.
Maria, gesegnet unter den Frauen, Mutter Gottes.
Gelobt sei Gott, der liebt, immer und immer.

Eine Zeugin von Christi Auferstehung war meine Mutter.
Sie sagte, was die Engel ihr gesagt hatten.
Die Apostel hielten es für leeres Geschwätz.
Maria, Maria Magdalena, Johanna, Frauen bei ihnen.
Gelobt sei Gott, der lebt, immer und immer.

Eine gläubige Christin war meine Mutter.
Eine Mystikerin, Märtyrerin, Heilige.
Auf daß wir mit ihr in allen Generationen
Julia, Perpetua, Klara, Hilda

Gott loben, der uns geschaffen hat,
Gott, der uns errettet hat,
Gott, der uns alle erhält, immer und immer.
Mother Thunder Mission, USA

Glaubensbekenntnis einer Frau

Ich glaube an Gott,
der Frau und Mann zum Bilde
Gottes schuf,
der auch die Welt schuf
und beiderlei Geschlecht
die Erde zu treuen Händen übergab.

Ich glaube an Jesus,
Kind von Gott,
von Gott auserwählt,
von Maria, einer Frau, geboren,
der den Frauen zuhörte und sie gern hatte,
der in ihren Häusern war,
der über das Reich Gottes mit ihnen sprach,
der Jüngerinnen hatte, die ihm nachfolgten
und ihn auch finanzierten.

Ich glaube an Jesus,
der mit einer Frau am Brunnen
über Theologie sprach
und ihr zuerst anvertraute,
daß er der Messias sei,
so daß sie hinging und in der Stadt
die große Neuigkeit herumsagte.

Ich glaube an Jesus,
der sich salben ließ von einer Frau in Simons Haus,
der die männlichen Gäste zurechtwies,
die sich darüber empörten.

Ich glaube an Jesus,
der sagte, daß man an diese Frau und ihre Tat
denken wird –
ein Dienst an Jesus.

Ich glaube an Jesus,
der eine Frau am Sabbat heilte
und sie wieder aufrichtete,
denn sie war ein Mensch.

Ich glaube an Jesus,
der von Gott sprach
als von einer Frau, die den verlorenen Groschen sucht,
als von einer Frau, die das Haus kehrt,
um das Verlorene zu finden.

Ich glaube an Jesus,
der Schwangerschaft und Geburt
mit Ehrfurcht ansah
und nicht als Strafe – sondern
als ein Geschehen,
wo sich eins aus dem anderen losreißt,
ein Sinnbild für Umwandlung;
wiedergeboren
aus dem Schmerz hinein in Freude.

Ich glaube an Jesus,
der von sich sprach
als einer Glucke,
die ihre Küken unter
ihren Flügeln versammelt.

Ich glaube an Jesus, der zuerst
Maria Magdalena erschien
und sie mit der aufrührenden Botschaft losschickte:
Geh und sag es den anderen…

Ich glaube an den alles umfassenden Erlöser,
für den es weder Juden noch Griechen,

weder Sklaven noch Freie,
weder Mann noch Frau gibt,
denn wir sind alle eins in der Erlösung durch ihn.

Ich glaube an den Heiligen Geist,
die sich über die Wasser der Schöpfung
und über die Erde hinbewegt.

Ich glaube an den Heiligen Geist,
den weiblichen Geist Gottes,
die uns wie eine Glucke geschaffen hat,
die uns zur Welt brachte
und ihre Flügel über uns deckt.
Rachel C. Wahlberg, USA

Gott der Zärtlichkeit und der Stärke

Frauen und Männer auf dem Weg zur Gleichheit

Schwestern und Brüder – steht auf
Ruf zum Gottesdienst

Schwestern und Brüder – steht auf.
Steht auf und erhebt eure Herzen.
Steht auf und erhebt eure Augen.
Steht auf und erhebt eure Stimmen.

Der lebendige Gott,
der lebendige, der alles
  bewegende Geist Gottes
hat uns zusammengerufen –
zum Zeugnis
zur Feier
zum Kampf.

Wendet euch einander zu.
Denn Gott wendet sich an uns!
Laßt uns Gott anbeten.
Elizabeth Rice, USA

Gott der Zärtlichkeit und der Stärke

Vater Gott,
Mutter Gott,
Vater und Mutter Gott von Angesicht zu Angesicht,
Eltern Gott.

Kind Gott,
der Armut,
der Nacktheit,
der Fragen, der Leiden, der Angst und der
Erwartung, Gott.

Gott, der Liebende und die Liebende, wie sie sich suchen.
Gott, der Ehemann und die Ehefrau, wie sie sich auswechseln.
Gott, Wort zwischen Rede und Antwort.
Gott, befreit zwischen Empfangen und Geben.

Gott der Zärtlichkeit und der Stärke,
Nächster, der aus der Distanz liebt.
Treuer, der verbindet zwischen den Unterschieden,
Freund, der das Siegel versiegelt und achtet.
Gott Bund.

Nur um Dir zu sagen:
wir werden nie genug haben von allen
unsern Unterschieden,
durch die Schmerzen unserer Unähnlichkeiten,
durch die Freuden unserer Ähnlichkeiten,
durch das Wunder unserer Gleichartigkeit
in der Vielfalt –

alle Frauen und alle Männer,
zusammen rühmen wir dich!
(M. Th. van Iunen-Chenn)

Wir werden sanft, fürsorglich, liebevoll sein

Alle: Laßt uns versichern, unsere Schwestern und Brüder,
wie wir hier zusammen stehen:

Männer: Wir glauben an Gott, den Schöpfer und Befreier von
uns allen – Frauen und Männern.

Frauen: Gott hat uns von unseren menschlichen Bindungen befreit.

Alle: In Gott ist weder Osten noch Westen,

Männer: weder Sklave noch Freier,

Frauen: weder Mann noch Frau.

Alle: Gottes Wort ist Befreiung:

Frauen: wir sind frei, unsere Träume zu verwirklichen.

Männer: Wir brauchen nicht länger
Gefangene einer kulturellen
Vorstellung davon zu sein, wer wir sein sollten.

Frauen: Wir als Frauen sind stark;
es gibt keinen »Ort für Frauen«,
an dem wir bleiben müssen.

Männer: Wir Männer sind manchmal schwach;
wir brauchen auch die Erlaubnis
zu weinen.

Alle: Wir werden es nicht länger zulassen,
daß dies eine »Männerwelt« ist,

Männer: beherrscht von unserem Bedürfnis,
uns selbst zu beweisen und zu gewinnen, egal was es kostet.

Frauen: Uns selbst aufopfernd, bis wir kein
eigenes Selbst mehr haben.

Alle: Wir brauchen alle Befreiung.

Männer: Wir werden sanft, fürsorglich, liebevoll und unterstützend sein.

Frauen:	Wir werden fest, tüchtig, selbstbewußt sein.
Männer:	Wir bekräftigen euch in eurem Kampf um Menschlichkeit – wir werden euch nicht verspotten. Stattdessen werden wir an eurer Seite kämpfen.
Frauen:	Wir werden bekräftigen und mit euch die weiblichen Aspekte teilen, die wir alle brauchen in dieser machtgierigen Zeit.
Alle:	Preist Gott! Wir werden frei sein!

Laßt uns unsere Erschaffung feiern

Ruf zum Gottesdienst

Laßt uns unsere Erschaffung feiern,
als Frauen und Männer, zum Bilde Gottes.

Laßt uns unser Vertrauen verkünden
in Gottes Pläne und Absicht für die Welt.

Laßt uns anerkennen in Christus unseren
Ruf zum Leben und Dienst in der Welt.

Laßt uns bekräftigen im Geist
unser Verlangen und unseren Gottesdienst,
den Glanz des Ruhmes Gottes widerzuspiegeln.

Im Zwiespalt des Lebens

Fürbittengebet

Wir kommen zu dir, um dir für den Tag zu danken, den du uns gibst. Wir danken dir für unsere Gemeinschaft, für die Gelegenheit, miteinander zu reden und unsere Erfahrungen und Hoffnungen zu teilen.

Manchmal, Jesus, wenn wir zurückschauen, fühlen wir, daß wir zu egoistisch gewesen sind, wir haben zuviel Zeit verbraucht mit studieren, arbeiten, geschäftig sein, und wir haben dabei unsere Freunde vernachlässigt, unsere Familien, unsere Gemeinschaften. Und wir fühlen uns schuldig.

Und manchmal Jesus bedauern wir es, daß wir unseren Kindern kein besseres Bild davon gegeben haben, was eine Frau und was ein Mann sein sollten – wir hätten mehr Weisheit, Mut und Liebe haben sollen.

Manchmal, Jesus, fühlen wir, daß da eine Kluft ist zwischen unverheirateten und verheirateten Männern und Frauen, zwischen denen, die zuhause bleiben und denen, die zur Arbeit gehen.

Hilf uns, deine Richtung zu suchen, um richtige Wege und richtige Einsichten zu finden.

Hilf uns, uns zu erinnern, daß auch, wenn wir verschiedene Berufungen und Beschäftigungen haben, wir uns gegenseitig respektieren auf den Wegen, die wir wählten.
Laßt uns gemeinsam beten für die neue Gemeinschaft, die wir suchen.

Worte vom Möglichen
Gloria

Schwestern und Brüder, es ist keine »müßige Geschichte«. Wie die Jünger können wir die gute Nachricht kaum glauben. Aber die Frauen, die am Grab gewesen sind, erklären uns in unseren Tagen, wie sie es in ihren taten, daß es keinen Grund zur Sorge oder Furcht gibt, denn Christus ist auferstanden! Sogar jetzt steigt ein neuer Tag herauf, eine neue Kirche wird geschaffen, eine neue Welt ist im Werden, denn Gott ist in unserer Mitte am Werk.

Also, steht bereit, euch ist vergeben, ihr seid erlöst zu neuer Gemeinschaft, denn in Christus hat euer Glaube euch heilgemacht.

Tritt unter uns, um uns zu irritieren

Leiterin: Kommt, schließt euch uns an, ihr seid
ein Teil von uns.

Antwort: Wir strecken unsere Hand aus nach denen,
die zu jung, zu alt, zu verrückt sind.

Leiterin: Kommt, schließt euch uns an, ihr seid
ein Teil von uns.

Antwort: Wir strecken unsere Hand aus nach denen,
die gefangen sind hinter Gittern
gefangen hinter Masken
gefangen in endloser
Arbeit.

Leiterin: Kommt, schließt euch uns an, ihr seid
ein Teil von uns.

Antwort: Wir strecken unsere Hand aus nach denen,
die ihre Körper für Geld verkaufen
ihre Länder für Geld
ihre Kinder für Geld.

Leiterin: Kommt, schließt euch uns an, ihr seid
ein Teil von uns.

Antwort: Mit Widerstreben strecken wir unsere Hand
aus nach denen, die uns kreuzigen
den Mächtigen
den Unterdrückern
den Reichen.

Leiterin: Kommt, schließt euch uns an, ihr seid
ein Teil von uns.

Antwort: Kommt, Bein von unserem Bein,
Fleisch von unserem Fleisch

schließt euch uns an, macht
uns wieder ganz.

Leiterin: Geist des lebendigen Gottes, komm,
hauch uns Atem ein und bring uns
zum Leben.
Reinige uns, erneuere uns, ermächtige uns.

Antwort: Durchdringe unser Sein mit deinem
durchdringenden Wort, enthülle uns
uns selbst, als solche, die geliebt
sind, denen vergeben ist, die angenommen sind.

Leiterin: Damit wir frei und freudig lieben und
uns vergeben und annehmen.

Antwort: Damit wir nicht eine zu starre Ordnung
aufstellen und Dich in unseren Worten
und endlosen Reporten gefangen nehmen,
komm unter uns
tritt uns gegenüber,
um uns zu irritieren,
um uns zu ändern.

Vertrauen zu jeder Bergkette
Glaubensbekanntnis

Ich glaube an unsere Verantwortung für die Schöpfung –
das Vertrauen zu jeder Bergkette,
jedem Wald,
jedem Hafen,
jeder Stadt,
jedem Plan,
eine Zukunft zu bauen
als Adam und Eva von heute.

Ich glaube an unsere Hoffnung für eine große menschliche Familie,
wie Christus es will.
An Hoffnungen, die genährt sind von Erinnerungen
und vom Land des Heiligen Geistes
und die die Betäubung der Verzweiflung verbannen

Ich glaube an mich selbst
in der Beweglichkeit, die Gott mir geschenkt hat.
An die Erfahrung der allergrößten Freude:
mich selber zu geben
auf meiner Straße nach Emmaus und Jericho.

Und ich hoffe auf lebendiges Wasser,
daß es vom toten Herzen Christi fließt
und unser Todesherz verwandelt
in das Bildnis des auferstandenen Gottes.

Faßt die Hände der Menschen
Segen

Schwestern und Brüder, erhebt euch
zum Segen,
faßt die Hände der Menschen zu beiden
Seiten.

Geht hin im Namen des lebendigen,
fürsorgenden Gottes,
    der von Natur aus weiblich
    und männlich ist.

Geht hin, auf die Weisheit der Geschichten
eurer »Vormütter« und »Vorväter« zu
hören.

Geht hin, um euch allem entgegenzu-
stellen, das die Leben von Kindern,

Frauen und Männern versklavt
und
geht hin, um euch daran zu freuen,
daß wir einander haben
für die Erneuerung unserer Seelen.

Geben wir die Uneindeutigkeit des Menschen zu

Schließt mit mir einen Bund,
so daß auch andere, weit weg von hier,
einbezogen werden in Gottes Volk.

Immer wieder neu erkennen wir
Gottes Ebenbild in einer jeden;
spiegeln auch wir selbst es wider!

Geben wir die Uneindeutigkeit des Menschen zu.
Seine innere Verstörtheit, Verletztheit und Sünde;
es zu bekennen führt zur Vergebung.

Singen wir Gottes Lob neu;
nehmen wir unser Amt an:
fangen wir an mit der Aufgabe zu heilen.

Tun wir uns mit denen zusammen,
die so lieben, daß sie auf Veränderung zugehen können,
dazu befähigt durch die Kraft des Heiligen Geistes.

Gehen wir unseren Weg in Freude
und feiern wir ein großes Fest zusammen,
denn Gottes Ebenbildlichkeit ist in uns lebendig.
Mary Freedlund, USA

Bring uns zur Vernunft und gib uns Glauben
Fürbittengebet

Du unser Gott, Vater und Mutter,

wir bekennen heute, daß deine eigenen Söhne und Töchter in Christus Dich verraten haben.
Von unseren Ängsten beherrscht sind wir aufeinander herumgetreten,
haben wir uns gegenseitig unterdrückt.
Wir haben im Mann die Fähigkeit zur Zärtlichkeit erstickt
und in der Frau die Fähigkeit zu kreativem Denken.
Hilf den Frauen, zu aufrichtiger und lebenspendender Schwesterlichkeit zu finden.
Hilf den Männern, sich in wirklicher Brüderlichkeit offen zu begegnen.
Hilf uns, Gemeinschaft zwischen Brüdern und Schwestern herzustellen,
damit wir miteinander leben können, kreativ und in Gemeinschaft,
Männer und Männer, Frauen und Frauen, Männer und Frauen.

Deine Kirche selbst war oft schuld daran, daß die Menschen deine ganze Fülle nicht sahen.
Hilf uns, daß wir uns dem nicht entziehen,
was Geschichte uns zu sagen hat
von Religionskriegen, Hexenprozessen und von der Unterdrückung der Frau.
Gib uns die Aufrichtigkeit anzuerkennen, wie dein Name oft benutzt worden ist,
um verwerfliches Handeln zu rechtfertigen.
Die Kinder deines Glaubens haben Schuld auf sich geladen,
die uns jetzt verbrennt.
Bringe uns zur Vernunft und gib uns Glauben daran, daß Erneuerung,
daß Umkehr möglich ist.

Jesus Christus, unser Bruder,

wir versuchen, das Mysterium um dein Leben, deinen Tod
und deine Auferstehung zu verstehen.
Daß du Frauen und Kindern so nahe bist
und allem, was als schwach und verachtenswert gilt,
erfüllt uns mit Freude, macht uns jubeln.

Aus Liebe
hast Du unsere Einsamkeit geteilt, unsere Konflikte mit Familie und Freunden
und unseren Schmerz, wenn wir zurückgewiesen und verletzt wurden.
Nimm uns an in unserem tiefen Sehnen, in dir wirklich zu leben.

Hilf uns, befreit und offen zu sein.
Hilf uns, deine brennende Nähe in unseren Herzen zu fühlen,
jenseits des Dschungels von theologischen Auslegungen und Zerrbildern.

Hilf uns, daß wir unsere Freude, unser Leid,
unsere Ängste und Hoffnungen miteinander teilen.
Bewahre uns vor Kühle und Distanz,
davor, nicht zu leben, was wir lehren,
davor, nach Prestige zu streben und um Macht zu kämpfen.

Wir beten für die, die zögern, deinen Namen zu bekennen.
Du kennst sie und ihr verborgenes Sehnen.
Laß deine Kirche, die selbst voller Sünde ist,
und ihre ängstlichen Amtsträger
ihnen auf ihrer Suche nicht im Wege stehen.
Kerstin Lindquist und Ulla Bardh, Schweden

Ökumenisches Glaubensbekenntnis

Wir glauben an Gott, den Vater,
den Schöpfer der Welt,
der uns geschaffen hat als Mann und Frau,
der uns in die Freiheit stellt,
Leben zu erhalten, Frieden zu fördern,
Sorge zu tragen für den Bestand der Erde,
daß die Menschen dieser Welt zusammen gehören
in Gleichheit und Gerechtigkeit.
Wir glauben an Jesus Christus, unseren Herrn,
geboren als Mensch in Israel von Maria,
erwählt, mit seinem Leben Gottes Nähe zu bezeugen,
er verkündete den Armen die Parteinahme Gottes,
den Gefangenen Freiheit,
den Blinden, daß sie sehen,
den Unterdrückten Befreiung;
er litt, wurde gefoltert und getötet am Kreuz
von den Mächtigen unter Pontius Pilatus,
auferweckt zum Leben und zur Hoffnung für alle,
er befreit und eint uns weltweit
ohne Rücksicht auf Entfernung,
inmitten kultureller und politischer Verschiedenheit
und entgegen aller Trennung
miteinander und füreinander zu leben
und ruft uns zum dienenden Zeugnis.
Wir glauben an den heiligen Geist,
die Kraft des neuen Lebens in Christus,
der auch uns und alle Verhältnisse ändert,
der uns reich macht mit Mannigfaltigkeit in Einheit,
der uns sendet mit dem Ziel,
alle Menschen in neuer Gemeinschaft zusammenzubringen
durch ihn selbst,
den in Vielfalt einen Gott,
Vater, Sohn und heiliger Geist.
Willy Beppler

Die Last meiner Schwestern

Frauen ziehen aus gegen weltweites Unrecht

Ich will meine Gedichte fliegen lassen

Ich will meine Gedichte fliegen lassen
in unbiegsamem Widerstand
gegen ein System,
das für immer Besitz
über den Menschen stellt.

Ich will meine Gedichte fliegen lassen
gegen die multinationalen Konzerne,
die ausbeuten und brutal unterdrücken,
Millionen aus Lateinamerika und Asien
und Tausende USA Bürger
arbeitslos machen,
damit sie profitieren.

Ich will meine Gedichte fliegen lassen
gegen eine Kultur,
die es zuläßt, daß ihre älteren Bürger
ihre letzten Jahre vernachlässigt und verarmt verbringen.

Ich will meine Gedichte fliegen lassen
gegen eine Gesellschaft,
die gute Erziehung und Gesundheitsfürsorge
nicht erreichbar sein läßt für Millionen
Kinder,

deren Eltern zu erschöpft sind
von ihrem täglichen Kampf ums Überleben,
um sie zu lenken und sich an ihnen
zu freuen.

Ich will meine Gedichte fliegen lassen,
ich weigere mich zu akzeptieren,
daß meine schwarzen und eingeborenen
amerikanischen Schwestern und Brüder
betäubte, verkürzte Leben leben müssen
in vergifteten, von Verbrechen geschüttelten
Ghettos.

Ich will meine Gedichte fliegen lassen.
Ich will mich nicht länger manipulieren lassen
von den Hoflieferanten
der Waschmittel und Deodorants
im Fernsehen.

Ich will meine Gedichte fliegen lassen,
vielleicht kann irgendwo, irgendeiner,
der einen Unterschied machen kann,
sie lesen.
Mary Jan Brewster

Sie sagen, ich bin eine Frau

1. a) Ich bin eine Frau.
   b) Ich bin eine Frau.

2. a) Ich bin eine Frau, die von einer Frau geboren wurde, deren Mann eine Fabrik besaß.
   b) Ich bin eine Frau, die von einer Frau geboren wurde, deren Mann in einer Fabrik arbeitete.

3. a) Ich bin eine Frau, deren Mann Leinenanzüge trug und ständig sein Gewicht beachtete.
   b) Ich bin eine Frau, deren Mann zerfetzte Kleider trug und dessen Herz fortwährend von Hunger eingeschnürt wurde.

4. a) Ich bin eine Frau, die zwei Babys zu zwei schönen Kindern heranwachsen sah.
   b) Ich bin eine Frau, die zwei Babys sterben sah, weil es keine Milch gab.

5. a) Ich bin eine Frau, die sah, wie Zwillinge zu beliebten College Studenten heranwuchsen, mit Sommern im Ausland.
   b) Ich bin eine Frau, die drei Kinder heranwachsen sah, aber mit vor Hunger gespannten Bäuchen.

6. a) Aber dann war da ein Mann
   b) Aber dann war da ein Mann

7. a) und er sprach darüber, daß die Bauern reicher würden und meine Familie ärmer.
   b) und er erzählte mir von Tagen, die besser sein würden, und er machte die Tage besser.

8. a) Wir mußten essen.
   b) Wir hatten Reis.

9. a) Wir mußten Bohnen essen.
   b) Wir hatten Bohnen.

10. a) Meinen Kindern wurden keine Sommerreisen mehr für Europa gegeben.
    b) Meine Kinder weinten sich nicht länger selber in den Schlaf.

11. a) Und ich fühlte mich wie eine Bäuerin.
    b) Und ich fühlte mich wie eine Frau.

12. a) Eine Bäuerin mit einem dumpfen, harten, unaufregenden Leben.
    b) Wie eine Frau, deren Leben manchmal ein Lied erlaubte.

13. a) Und ich sah einen Mann.
    b) Und ich sah einen Mann.

14. a) Und gemeinsam begannen wir, Pläne zu schmieden, mit der Hoffnung auf die Rückkehr der Freiheit.
    b) Ich sah sein Herz zu schlagen beginnen vor Hoffnung auf Freiheit, schließlich...

15. a) Eines Tages die Rückkehr zur Freiheit.
    b) Eines Tages Freiheit.

16. a) Und dann
    b) Und dann

17. a) eines Tages
    b) eines Tages

18. a) Waren da Flugzeuge über uns und Gewehrfeuer in der Nähe.
    b) Waren da Flugzeuge über uns und Gewehrfeuer in der Nähe.

19. a) Ich rief meine Kinder zusammen und ging heim.
    b) Ich rief meine Kinder zusammen und rannte.

20. a) Und die Gewehre entfernten sich mehr und mehr.
    b) Aber die Gewehre kamen näher und näher.

21. a) Und dann meldeten sie, daß die Freiheit wiederhergestellt sei.

b) Und dann kamen sie,
ganz junge Männer.

22. a) Sie kamen mit meinem Mann
nach Hause.
b) Sie kamen und fanden meinen Mann.

23. a) Diese Männer, die beinahe
kein Geld mehr hatten.
b) Sie fanden alle die Männer, deren
Leben beinahe ihnen selbst gehört hätte.

24. a) Und wir tranken alle etwas, um
zu feiern.
b) Und sie erschossen sie alle.

25. a) Ganz wundervolle Martinis.
b) Sie erschossen meinen Mann.

26. a) Und dann baten sie uns zu tanzen
b) Und dann kamen sie auf uns zu

27. a) mich
b) auf mich, die Frau

28. a) und meine Schwestern
b) auf meine Schwestern

29. a) und dann führten sie uns
b) und dann nahmen sie uns –

30. a) aus zum Essen in einen kleinen
privaten Club
b) sie zogen uns alle Würde aus, die
wir gewonnen hatten

31. a) und sie überredeten uns zu
Rindfleisch
b) und dann vergewaltigten sie
uns,

32. a) es gab einen Gang nach dem
andern
b) einer nach dem andern.

33. a) Wir platzten fast, so voll waren wir.
b) Stoßend, stürzend . . . blutende Schwestern
sterbende Schwestern . . .

34. a) Es war herrlich, wieder frei zu sein.
b) Es war kaum eine Erleichterung, überlebt zu haben.

35. a) Und dann riefen wir die Kinder zusammen
b) Und dann nahmen sie unsere Kinder

36. a) und wir gaben ihnen etwas guten Wein
b) und sie nahmen ihre Scheren

37. a) und dann gaben wir eine Party für sie.
b) und dann schnitten sie ihnen die Hände ab.

PAUSE

38. a) Die Bohnen sind nun fast verschwunden.
b) Die Bohnen sind verschwunden.

39. a) Der Reis. Ich habe ihn durch Huhn oder Steak
ersetzt.
b) Ich kann den Reis nicht finden.

40. a) Und die Parties gehen weiter,
Nacht für Nacht, zur Entschädigung für all die
vergeudete Zeit.
b) Und meine stillen Träume fließen
wieder zusammen mit den Mitter-
nachtsschreien meiner Kinder.

41. a) Und ich fühle mich wieder wie eine Frau.
b) Sie sagen, ich bin eine Frau.

Anonym

We the unqualified

We
the unqualified
led by the
unnoticed
have been doing
the unbelievable
with so little
for so long
that
we now attempt
the impossible

Wir, / die keine Ausbildung haben, / geführt von denen, / die niemand wahrnimmt, / haben das / Unglaubliche / mit so wenig Mitteln / so lange getan, / daß wir jetzt / das Unmögliche / versuchen werden.
(Übertragung B. v. Wartenberg)

Die Reise

Ich spüre Gottes Schmerz und Pein – ich, die zu essen hat,
die noch nie auch nur einen Tag hungrig war.
Ich sehe die Toten –
die Kinder, die hungrig sind aus Mangel an Brot –
ich sehe und versuche zu beten.

Ich spüre Gottes Schmerz und Pein – ich, die ich es warm habe,
der noch nie ein Dach über dem Kopf fehlte.
In dumpfer Unruhe
über die, denen Hütte und Land genommen wurde;
sie irren ziel- und planlos herum.

Ich spüre Gottes Schmerz und Pein – ich, der es gut geht,

gesund, geliebt, ein Lachen in der Seele.
Ich sehe ein Gedränge
von Kindern, die in Entbehrung leben,
und möchte sie ganz machen.

Ich spüre Gottes Schmerz und Pein – und weiß doch ganz genau,
daß erst wenn ich teilhabe an ihrem bittern Schreien –
des Erdenlebens Qual und Hölle –
Gott in meine Seele einziehen kann
und sein Reich in meine Nähe rücken.

Ich hatte Hunger, nicht nur nach Essen,
  sondern nach Frieden, der aus reinem Herzen kommt.
Ich hatte Durst, nicht nach Wasser,
  sondern nach Frieden, der den ungebändigten Kriegsdurst stillt.
Ich war nackt, mir fehlte nicht Kleidung,
  sondern die strahlende Würde, die Männer
  und Frauen in sich tragen.
Ich war ohne Zuhause, mir fehlte kein Dach aus Stein,
sondern ein Herz, das versteht, das schützt und liebt.

Ich hatte Hunger und Durst, war nackt und ohne Zuhause,
  doch ich fand Frieden, Frieden und Würde und ein Herz, das liebt.
Nancy Telfer, Kanada

Die Last meiner Schwestern
Fürbittengebet

Gott, ich werde erhalten vom lebendigen Wasser, das du mir schenkst.
Laß mich darauf antworten, indem ich denjenigen meiner Schwestern auf dem Land helfe, deren tägliche Hausarbeit, Trinkwasser für ihre Familie zu beschaffen, sich als schwere Last erweist.

Vergib meine frühere Gleichgültigkeit diesen Nöten gegenüber.
Danke für das saubere Wasser, daß aus meinem Wasserhahn fließt. Danke für das lebendige Wasser, daß Du so freigiebig schenkst. Laß mich fähig werden, zu dienen und deine Gaben großzügig zu teilen auf eine Art, die meinen Schwestern überall in der Welt das Wasser verfügbar macht, das sie befreit, vollständiger menschlich zu werden.
Gott, Du gibst uns unseren Wert. Mit deinem Handeln gabst du allen Frauen Würde.
Ich will Deine Hände sein, wenn ich mich bemühe, die Last für meine Schwestern auf dem Lande leichter zu machen.

Bis Erde, Himmel und Hölle Waffen erbrechen
Kyrie

Gott, erbarme dich unser!

Wir können keinem länger trauen,
nicht einmal Dir.
Wir haben Dich ersetzt
durch Polizei und Armee.

Wir können keinem länger trauen,
nicht einmal Dir.
Für uns
bist Du nicht länger Schutz genug.

Wir können keinem länger trauen,
wir haben Dich ersetzt
mit Waffen, mit Atomkraft.

Wir können keinem länger trauen,
sogar dir gegenüber,
mit all deiner Güte,
sind wir argwöhnisch.

Wir können keinem länger trauen,
Vorsehung hat ihre Bedeutung für uns verloren.
Dein Vorherwissen wurde ersetzt
von programmierten Computern.

Wir können keinem länger trauen,
wir können deinen aufmerksamen Blick
auf uns nicht länger ertragen.
Er ist vor langer Zeit ersetzt worden
durch Kontrollsatelliten.

Wir können keinem länger trauen,
du hast taube Ohren für uns,
unsere Sicherheit beruht
auf »Wanzen«.

Wir können keinem länger trauen,
unsere einzige Verteidigung
sind Offensivwaffen!
Waffen, Waffen, immer nur Waffen,
Waffen ohne Ende.
Bis Erde,
Himmel und Hölle
Waffen erbrechen . . .

Herr, erbarme Dich unser!

Gottes Spuren

Unsere Rüstung:
für jeden Menschen auf unserem Planeten
15 Tonnen Sprengstoff
und in Europa 60 Tonnen.

Wir haben
dein Königreich mit Worten gepredigt

aber immer noch wirksamer mit Feuer
und Schwert, Kapital und Macht und
Strömen von Blut bis heute und nun
am Ende (Ende wovon?) drohen wir uns
gegenseitig gigantisch und in Verlegen-
heit einer »Annihilatio vitae« (Zer-
störung des Lebens)

»Du: der Messias« – und wir unsere
eigene Apokalypse?
Werden wir
die letzten (oder außer einem die
letzten) Menschen sein auf diesem
Planeten?
Wofür wirst Du als Messias wieder-
kommen?
Wofür, wenn Dein Königreich der Frei-
heit, der Liebe
keine Menschen mehr findet?
Du: dann ein Messias für Berge,
Meere und Winde?
Ein himmlischer Archäologe vielleicht,
der Ausschau hält nach Spuren des Bildes Gottes,
das ausgegangen ist?

Durch seine Wunden seid ihr geheilt

O Gott,
durch eine Frauengestalt,*
ans Kreuz geschlagen,
verstehe ich endlich.

---

* In einer Kirche in Toronto wurde eine Frauenfigur mit ausgestreckten Armen, als wäre sie gekreuzigt, unter dem Kreuz im Altarraum aufgehängt.

Mehr als mein halbes Leben lang
habe ich mich meiner Narben geschämt.
Diese Narben erzählen eine unangenehme Geschichte,
eine ganz gewöhnliche Geschichte,
von einem Mädchen, das zum Opfer wird,
wenn ein Mann seine Wahnvorstellungen auslebt.

In der Wärme, im Frieden und im Sonnenlicht deiner Gegenwart
kann ich meine fest geballten Fäuste öffnen.
Zum erstem Mal
spüre ich in diesem Erlebnis
Dich, gepeinigt wie Du bist, in mir.
Ich habe dich gekannt als ein verletzliches Kind,
als einen Bruder und einen Vater.
Jetzt kenne ich dich als eine Frau.

Du warst bei mir,
dem vergewaltigten Mädchen,
in hilflosem Leiden gefangen.

Die Stricke von Scham und von Furcht
schnüren mir nicht länger Herz und Leib zusammen.
Eine stille Flamme, die Mitgefühl und Vergebung ist,
ist in mir entzündet.
Meine Tränen fließen jetzt
für Männer und für Frauen.

Du, Gott,
kannst unsere geschundenen Körper
zu Gefäßen der Liebe und des Trostes machen
für einen nur noch verzweifelten Mann.
Gewürdigt fühle ich mich nun,
diese Kraft einer Frau
in meinem Körper und in meiner Seele zu spüren.

Du hast dich deiner Wunden nicht geschämt.
Du hast sie Thomas gezeigt

als Zeichen deiner Todespein und deines Sterbens.
Ich will meine Wunden nun nicht länger verstecken.
Ich will sie mit Anmut tragen.
Sie erzählen eine Geschichte von Auferstehung.
Kanada

Noch warten wir

Meine Schwestern sagen mir
daß Menschen sterben
vor Hunger
weil es nichts zu essen gibt.

Meine Schwestern sagen mir
daß Menschen sterben
an Hoffnungslosigkeit
weil es keinen Ausweg gibt.

Meine Schwestern sagen mir
daß Menschen sterben
vor Angst
untergetaucht im Schweigen, dem Schweigen des Todes.

Meine Schwestern sagen mir
daß Menschen sterben
an der Traurigkeit
Sie haben sich Schätze aufgehäuft
und haben ihre Seele verkauft.

Meine Schwestern sagen mir
daß Menschen sterben
an Mut
Sie haben gewagt zu sprechen
zu schreien, zu schreien
gegen ihre Unterdrücker.

Jesus Christus, der Sohn Gottes
genannt der Friedefürst

und (durch ein Versehen
der römischen Machthaber)
König der Juden
wurde hingerichtet
nach Art der Besatzungsmacht
und starb an einem Kreuz
Er hatte keine Armee
Er hatte keine Mittel
Er hatte keine Verbindungen mit der Elite
Die Steine hat er nicht zu Brot gemacht
Das Himmelreich hat er nicht geschaffen
Er hatte keine Macht.

Mein Herz zittert
Hätte er die Steine nicht in Brot
verwandeln können
Hätte er nicht von der Tempelmauer springen können
Hätte er sich nicht zum Herrscher der
Erde machen können
Und das Himmelreich begründen
Warum die Millionen bitterer Seufzer
Warum die Tränen des Zorns
Warum die zerstörte Hoffnung
Warum die nackte Angst
in den Augen des kleinen Jungen
– meines Jungen –
Als er versuchte dem Feuer
der Maschinengewehre zu entkommen.

Immer noch warten wir auf das Wunder
Immer noch versucht uns der Teufel.

Als ob Christus nicht am Leben wäre
Als ob wir keine Verheißung hätten
Als ob wir nicht den Mut haben könnten
das Unmögliche zu wagen
Als ob wir Angst haben müßten

Als ob die Macht des Herrn
nicht mächtig wäre
in unserer Schwäche

Immer noch warten wir auf das Wunder
als ob . . .
Reinhild Traitler, Österreich

Mutter

Mutter, wenn mich morgen
der Tod im Schützengraben zusammenbrechen läßt,
dann weine nicht.
Zur Ehre deines Schoßes
gereicht mein toter Leib.
Mein Blut wird eine Bürgschaft und mein Leben ein Schrei,
ein Banner, das unser Kampf vor sich herträgt.

Wenn morgen die Häscher
meinen massakrierten Leib
in deine Hände legen,
dann weine nicht.

Sei vielmehr stolz darauf,
daß du unserem Land
einen Sohn gegeben hast,
der sich weigerte, ein Sklave zu sein,
der das Schweigen der Jahrhunderte
dem Stöhnen unter der Peitsche des Henkers vorzog.
Nikaragua

Erste Tragödie

Das gelbe Telegramm
mit seinen fetten Druckbuchstaben

bringt eine Todesnachricht.
Sie wußte, daß es sein Tod war,
und doch murmelt sie die Worte
und sagt wie zu sich selbst,
weine nicht, das kommt vor
im Krieg, wer ist da frei von Leid?

Sei ganz still, ganz still,
jetzt bist Du frei, mein Liebling.

Die Gedanken immer auf die Zukunft gerichtet
mit schwindendem Glauben
hat sie sich selbst gemalt –
hoher Kragen, die Augen rund und unbewegt
alles ist schwarz,
weil nichts mehr da ist,
wer hat nicht gelitten in einem Krieg?

Verwirrt blickt sie hinunter auf das Leben, das ihr erwacht,
zum Elend des Lebens erwacht:
werde so wie dein Vater, mein Liebling.
Südvietnam

*In Liebe von Jaini Bi**

Jeden Tag um zwölf
in der Mittagshitze
kommt Gott zu mir
in Gestalt von
zweihundert Gramm Haferbrei.

Ich spüre ihn in jedem Korn,
ich schmecke ihn in jedem Löffel voll.

---

* 1973 wurde den hungerleidenden Menschen in Chitapur durch dieses Gedicht, das in Zeitschriften und Zeitungen in ganz Indien und im Ausland gedruckt wurde, umfassende Hilfe zuteil.

Ich halte sein Mahl mit ihm, wenn ich schlucke,
denn er hält mich am Leben mit
zweihundert Gramm Haferbrei.

Ich warte auf den nächsten Mittag
und weiß, daß er kommt;
so kann ich hoffen, einen weiteren Tag zu leben,
denn du hast Gott zu mir kommen lassen in
zweihundert Gramm Haferbrei.

Jetzt weiß ich, daß Gott mich liebt –
und das verdanke ich nur dir.
Jetzt weiß ich, was Du meinst, wenn Du sagst,
daß Gott diese Welt so liebt,
daß er seinen geliebten Sohn gibt,
jeden Tag durch DICH.
Indien

Ich bin so um die vierzig

Ich bin so um die vierzig, sagt man.
Ich weiß nur, was meine Ohren gehört haben.
Meine Augen sehen nur Bäume, den Himmel, meine Kinder, etwas
zu essen, meinen mageren Lohn.
Soweit bin ich wie all die anderen – was sie sehen, sehe auch ich – bis
auf einen ganz großen Unterschied – die Wörter, die die Menschen schreiben und lesen.
Sie sind für mich nichts als ein bitter erlebtes Mysterium. Wenn ich
einen Brief schreiben muß, so ist er von einem Kind geschrieben, 10 Jahre alt, mein Sohn.
Der Himmel weiß, ob er das schreibt, was ich ihm sage, oder irgendeinen
Unsinn, den er sich selbst ausgedacht hat.

Mein Verstand wurde nie geschult; nur meine Hände, mein Rücken
und meine Füße haben gelernt, denen gefügig zu sein, die auf einer höheren Ebene als ich dahinziehen.
Ich wurde geboren, und mir war viel vorenthalten; ich werde sterben und
hungrig sein: ich werde
nie etwas von anderen Welten wissen, gefesselt wie ich bin durch meine unreine Unwissenheit.
Einmal in dreißig Tagen nehme ich meinen Lohn in Empfang und bezeuge
es durch einen schmutzigen Abdruck des Daumens meiner rechten Hand.
Warum es gerade dieser Daumen sein muß, werde ich nie begreifen.
Ich schäme mich, ihn aufs Papier zu drücken, während sie hinter
mir lachen, denn sie nehmen die Feder zur Hand und schreiben stolz
ihren Namen, so daß jeder ihn lesen kann.
Wer kann schon einen Daumenabdruck lesen? Ich habe gelobt,
daß meine Kinder niemals nur ein halbes Leben leben sollen und habe sie in die
Schule gescheucht, als sie kaum laufen konnten.
Es ist zu spät jetzt, in meinem Alter, zu lernen, wie man liest,
was andere schreiben, und so muß ich mich bescheiden und tatenlos zusehen, wie meine Söhne sich irgendwo nahe der Sonne erheben.
Ich hoffe, daß ihre Fähigkeiten Lohn genug für mich sind; sie werden
ihre Mutter in ihrem Herzen mitnehmen, wenn sie auf ihrer großen
Straße wandeln.

Margaret Duncan, Indien

Wer bin ich?

Ich bin eine Frau
ich bin Philippinin
ich bin lebendig
ich kämpfe
ich hoffe.

Ich bin zum Bilde Gottes geschaffen
genau wie alle anderen Menschen auf der Welt;
ich bin ein Mensch mit Wert und Würde.
Ich bin ein denkender, fühlender, tätiger Mensch.
Ich bin das kleine ich werde sein, das vor dem großen
ICH WERDE SEIN steht.

Ich bin eine Arbeiterin, die ständig die Herausforderung in
Gestalt der Bedürfnisse von Kirche und Gesellschaft in
Asien und in der ganzen Welt vor Augen hat.
Ich bin zornig über Strukturen und Mächte,
die Unterdrückung, Ausbeutung und Entwürdigung in
jeder Form schaffen.
Ich bin Zeugin des Stöhnens, der Tränen, der Banner und
geballten Fäuste meines Volkes.
Ich höre ihre Befreiungslieder, ihre Gebete voll Hoffnung
und ihren unbeirrbaren Marsch hin zu Gerechtigkeit
und Freiheit.

Ich glaube, daß wir alle – Frauen und Männer,
jung und alt, Christen und Nicht-Christen,
aufgerufen sind, verantwortlich zu handeln,
betroffen zu sein, uns einzusetzen
JETZT! Ich hoffe
ich kämpfe
ich bin lebendig
ich bin Phillipinin
ich bin eine Frau.

Elizabeth Tapia, Philippinen

Gerechtigkeit und Frieden werden sich küssen

Geschwisterliche Arbeit für Frieden und Gerechtigkeit

Bitte für die Menschlichkeit der Menschen
Fürbittengebet

Leiterin:	Laßt uns beten für die etablierten Kirchen, daß sie demütig, erneuert und vereinigt werden.
Alle:	Gott, höre unser Gebet.
Leiterin:	Für die Versöhnung der Völker dieser Welt und für die welt- weite Bewegung für Frieden und Gerechtigkeit.
Alle:	Gott, erhöre unser Gebet.
Leiterin:	Für alle die arm sind und hungrig, für die Wanderarbeiter und Arbeitslosen, für die Menschen in den Straßen und Ghettos, für Kinder und alte Menschen, die zu Hause ungewollt sind.
Alle:	Gott, erhöre unser Gebet.
Leiterin:	Für alle Unterdrücker, Ausbeuter, Sexisten und Rassisten, daß sie umgewandelt werden mögen durch Liebe.

Alle:	Gott, erhöre unser Gebet.
Leiterin:	Für alle Menschen in wohlhabenden Ländern, auf daß sie ihren Wohlstand mit anderen teilen mögen.
Alle:	Gott, erhöre unser Gebet.
Leiterin:	Für alle die, die verfolgt werden, weil sie es wagen, die Wahrheit zu sagen und Dein Wort zu leben.
Alle:	Gott, erhöre unser Gebet.
Leiterin:	Beim Dank für alle, die Christi Weg der Liebe folgen und sich kümmern um die Menschen aller Rassen, beim Dank für alle, die vorangehen in der Sache von Frieden und Gerechtigkeit.
Alle:	Gott, erhöre unser Gebet.
Alle:	Dein heiliger Geist leite uns alle.

Frauen und Männer kämpfen gemeinsam

Fürbittengebet

Leiterin:	Gott, du schufst die Welt und alles was darinnen ist, du erschufst die menschliche Rasse aus einem Stamm und als Frauen und Männer und vertrautest uns als Besitz die Erde an.
Gemeinde:	Mach uns eins im Kampf um Menschlichkeit und erfülle in uns deine Pläne.
Leiterin:	Gott, wir waren trennend in unsern Gedanken, Worten und Taten; wir haben uns gegenseitig eingespannt und uns Rollen zugewiesen, die aus Vorurteilen und Haß kamen.

Gemeinde: Mach uns eins im Kampf um Menschlichkeit und erfülle in uns deine Pläne.

Leiterin: Gott, du hast uns als ein Volk gewollt, das in Frieden lebt und sich an Deiner Gerechtigkeit erfreut;
wirklich menschlich, Männer und Frauen, reich an
Kundgebungen von Teilhabe, Gemeinschaft und Liebe.

Gemeinde: Mach uns eins im Kampf um Menschlichkeit und erfülle in uns deine Pläne.

Leiterin: Gott, führe uns in immer neue Einsichten in deine
Wahrheit, mach uns bewußt, was dein Wille für unser Leben ist,
mutig, das Richtige zu tun, auch wenn der Preis hoch
ist, hartnäckig, wenn wir Strukturen der Ungerechtig-
keit ändern und beharrlich, wenn wir uns im Amt der Versöhnung üben.

Gemeinde: Mach uns eins im Kampf um Menschlichkeit und erfülle in uns deine Pläne.

Leiterin: Gott, gib uns die Gabe deines Geistes, daß wir mit Mitleid brennen für alle, deren Menschlichkeit –
ob sie Frauen oder Männer sind – nicht bestätigt wird.

Gemeinde: Führe uns auf Wege, die wir noch nicht kennen und rüste uns aus mit dem Mut zu kämpfen, als Frauen und Männer, unter dem Evangelium Jesu Christi.

Gerechtigkeit und Frieden werden sich küssen
Fürbittengebet

Für menschlichen Kontakt,
für Mut und Vision, die
Menschen zusammenbringen,
für eine liebende Umarmung,
danken wir.

Für alle die in der ganzen Welt,
die zusammenstehen und arbeiten
für Gerechtigkeit und Frieden,
danken wir.

Im Wissen darum,
daß Tod und Schrecken,
Bomben und Hunger nicht
das letzte Wort haben,
danken wir.

Für die Zusage, daß
Gerechtigkeit und Frieden
sich küssen, daß
Liebe und Treue zusammen-
kommen werden,
danken wir.
Alyson Huntly, United Church, Toronto Ontario

Der Schrei der Ungleichheit

Wir wollen sehen, daß die Schranken zwischen Männern und Frauen eingerissen werden!
Wir wollen gleiche Möglichkeiten, unsere Begabungen zu entwickeln!

Wir wollen Ehemänner und Ehefrauen, die wirkliche Partner im Leben zu Hause sind!

Gemeinde:	Wir wissen, daß heute in einigen Teilen der Welt Frauen von Männern dominiert werden. Wir leben in einer Gesellschaft, wo solche Ungleichheiten behoben werden, und wir vergessen und ignorieren das Elend anderer.
Lesung:	Genesis 1.26–28
Leiterin:	In einer Welt, in der in weiten Teilen die Realität von Ungleichheiten der Position von Männern und Frauen erfahren wird, haben Christen in Christus ein Beispiel eines Mannes, der Frauen mit tiefem Respekt und Sensitivität behandelt. Darum brauchen wir in unserer Bewegung für Gleichheit der Geschlechter Christi Gnade, das andere Geschlecht mit Respekt und Sensitivität zu behandeln. Wir brauchen seine Gnade, unser Gebet für wahrhaftigere Beziehungen zwischen Männern und Frauen auch zu leben. Hilf uns, die Absicht zu erfüllen, mit der Du uns geschaffen hast, zusammen zu arbeiten, die besonderen Gaben zu nutzen, die Du jedem von uns gegeben hast.
…	Damit wir erkennen, daß Gott Mann und Frau zu seinem eigenen Bilde schuf, auf das sie sich ergänzen in ihren physischen, geistigen und geistlichen Fähigkeiten,
…	damit wir erkennen, daß es die Rolle der Frau ist, daß sie einen wichtigen Platz hat beim Aufbau einer glücklicheren und humaneren Welt; sowohl Frau als auch Mutter zu sein.

... daß alle Männer und Frauen frei sind, zusammen zu arbeiten.

Stille zum Gebet – Lied

Der Schrei der Unterdrückung

Wir wollen nicht, daß unsere Kinder für das Leben ihrer Eltern fürchten, sondern daß sie Sicherheit haben!
Wir wollen nicht, daß Menschenfleisch mit Peitschen geschlagen wird, mit Zigaretten verbrannt wird oder daß ihnen Elektroschocks gegeben werden.
Wir wollen Freiheit von Folter!
Wir wollen nicht, daß Leute wegen ihres Glaubens eingesperrt werden!
Wir wollen nicht, daß Menschen zu unrecht eingesperrt werden!
Wir wollen Gerechtigkeit in der Gesellschaft!

Gemeinde: Wir wissen, daß diese Atmosphäre der Unsicherheit und Verletzung der menschlichen Grundrechte heute von zahllosen Menschen in vielen Ländern erfahren wird.
Warum werden Menschen schlecht behandelt?
Warum kämpfen Menschen?
Warum leiden Kinder und andere Unschuldige?

Lesung: Amos 5: 14,15, 18–24

In einer Welt, in der in weiten Teilen Unterdrückung erfahren wird, haben Christen in Christus ein Beispiel, weil er identisch ist mit den Unterdrückten und doch der Grausamkeit, Ungerechtigkeit und Haß mit Liebe begegnet. Darum brauchen wir in unserem Streben nach größerer sozialer Gerechtigkeit und Freiheit Christi Gnade, frei zu sein von Furcht, unsere gegenwärtigen Privilegien, Positionen und Besitz zu verlieren.

Wenn wir uns nach Liebe sehnen...
Fürbittengebet

Gott der Liebe, wenn wir uns nach Liebe sehnen
und alle anderen beschäftigt sind,
tröste uns mit deiner Liebe.
Mögen wir, während wir kämpfen,
täglich Liebe Fleisch werden lassen.

Gott der Hoffnung, wenn wir uns ohne Hoffnung und
Kraft fühlen,
gewähre uns Hoffnung.
Mögen wir während wir kämpfen
deinen Geist fühlen,
der Hoffnung wehen läßt.

Gott der Gerechtigkeit, wenn wir ungerecht behandelt
werden und Ausbeutung erleiden,
gewähre uns die Macht,
uns selbst aus der Sklaverei zu
befreien.
Möge während wir kämpfen
Gerechtigkeit niederfließen
wie Wasser.

Gott des Friedens, wenn wir nach Frieden schreien
und er entzieht sich uns,
gewähre uns den Mut,
für Frieden zu arbeiten.
Möge während wir kämpfen
unsere Solidarität den Frieden
umarmen.

Laß uns so in deiner Liebe leben, deiner Hoffnung und Gerechtigkeit und deinem Frieden.
Jetzt und in den Generationen, die kommen werden.

Ein Auftrag

Adam und Eva teilten das erste Paradies,
und heute teilen Männer und Frauen
die Freude und Sorge,
den Mut und die Angst,
den Glauben und die Unsicherheit,
die Hoffnung und die Verzweiflung.

Beide in Gemeinsamkeit teilen sie
die Menschlichkeit.
Darum laß keinen Mann sich selbst
für vollkommen halten.
Laß keine Frau vor Verantwortung zurückschrecken.
Hilf zur Ganzheit der
Gemeinschaft.
Mit klarem, bewußtem Verstand und Einigkeit.
Indien (Commission on Faith and Order, Bangalore 1978)

Mach unser Leben reich an Geschwisterlichkeit
Sendung

O Gott, Urheber unseres Lebens, der du alle Frauen und Männer nach Deinem Bilde geschaffen hast, laß uns weitergehen und uns über die wunderbare Verschiedenheit und Schönheit der Rassen und Kulturen in dieser Welt freuen. Mach unser Leben reich mit Geschwisterlichkeit, die immer weitere Kreise zieht und deinem Wissen, daß jeder von uns aus deiner Sicht so viel wert ist wie der andere. Hilf denen unter uns, die an Ausgeschlossensein und Ausbeutung leiden, ein Beispiel zu geben von Teilnahme und liebendem Dienst an unseren Schwestern und Brüdern, die am meisten von uns verschieden sind, bis unser Wissen um deine Liebe vollendet wird durch unsere Liebe für alle deine Kinder, durch Jesus Christus, dein geliebtes Kind und unseren Bruder.

Gott, hör unser Gebet.
Wenn wir gegen soziale Ungerechtigkeit kämpfen, hör unsere Gebete für die, die uns hassen. Führe sie und uns vom Vorurteil zur Wahrheit.
Gott, laß unser Schreien vor dich kommen.
Schenke uns Mut, furchtlos gegen Böses zu streiten, keinen Frieden mit der Unterdrückung zu schließen, ob sie nun gegen uns selbst oder gegen andere gerichtet ist.
Gott, hör unser Gebet.
Hilf uns, unsere Freiheit und unsere Möglichkeiten in deinem Dienst zu gebrauchen, niemals den Weg zu vergessen, auf dem wir hierher gekommen sind, andere emporzuheben, wenn wir hochsteigen.
Gott, laß unser Schreien vor dich kommen.
Gewähre uns, daß wir Träger deines Heiligen Geistes sind, und daß unser Zeugnis von Christus jedes menschliche Herz unter den Menschen dieses Landes bewegt, daß die Grenzen zwischen Rasse, Geschlecht, wirtschaftlicher und sozialer Stellung, die uns nun trennen, zerbrechen mögen, Argwohn und Haß vergehen, und daß, befreit von aller Unterdrückung und Entfremdung, wir Versöhnung erfahren untereinander und mit den Geschwistern unseres eigenen Landes und aller Länder.
Gott, hör unser Gebet.
O Gott, wenn wir auseinandergehen, laß uns daran erinnern, daß du uns mit allen anderen menschlichen Geschöpfen in einem gemeinsamen Leben zusammengebunden hast. In all unseren Kämpfen für Gerechtigkeit, hilf uns, uns gegenseitig zu konfrontieren ohne Haß oder Bitterkeit und zusammen zu arbeiten mit gegenseitiger Geduld und Respekt, in Jesu Namen.
Hör unser Gebet, o Gott.

Gott ist vor uns. Gott ist hinter uns. Gott ist über uns. Gott ist unter uns. Gottes Worte sollen aus unserem Mund kommen, denn wir sind Gottes Zeichen, lebendige Zeichen der Liebe Gottes. Alles findet in Schönheit sein Ziel, alles in Liebe, alles in Kreativität. Alles findet sein Ziel in Liebe. (von einem alten Navajo Segen)

Geht nun in die Welt, wo Apathie und Halbherzigkeit vorherrschen. Bewegt die Welt ein wenig im Namen Gottes, unseres Schöpfers, Erlösers und Erhalters.

Die Segnung des Brotes

1. Stimme Am Anfang war Gott
2. Stimme Am Anfang die Quelle all dessen, was ist
3. Stimme Am Anfang Gott voll Verlangen
4. Stimme Gott voll Stöhnen
1. Stimme Gott in den Wehen
2. Stimme Gott als Gebärerin
3. Stimme Gott voller Jubel
4. Stimme Und Gott gefiel, was sie geschaffen hatte.
1. Stimme Und Gott sagte: »Es ist gut.«
2. Stimme Und Gott wußte, daß alles, was gut ist, geteilt werden will.
3. Stimme Sie hielt die Erde liebevoll in ihren Armen.
4. Stimme Gott sehnte sich nach Beziehung zu anderen.
1. Stimme Gott verlangte darnach, die gute Erde mit anderen zu teilen.
2. Stimme und so wurde aus dem Verlangen Gottes die Menschheit geboren.
3. Stimme Wir wurden ins Leben gerufen, um an der Erde teilzuhaben.
4. Stimme In der Erde war Samen
1. Stimme Im Samen war Korn
2. Stimme Im Korn war Ernte
3. Stimme In der Ernte war Brot
4. Stimme Im Brot war Kraft.

1. Stimme Und Gott sprach: »Alle sollen von der Erde essen«.

2. Stimme Alle sollen vom Samen essen
3. Stimme Alle sollen vom Korn essen
4. Stimme Alle sollen von der Ernte essen
1. Stimme Alle sollen vom Brot essen
2. Stimme Alle sollen von der Kraft leben
3. Stimme Gott sprach: »Ihr seid mein Volk«.
4. Stimme Meine Freundinnen, meine Freunde
1. Stimme Meine Geliebten
2. Stimme Meine Schwestern
3. Stimme Meine Brüder
4. Stimme Ihr sollt alle essen
1. Stimme vom Brot
2. Stimme und von seiner Kraft leben.
3. Stimme Alle sollen essen und leben.
4. Stimme Und dann nahm Gott all ihren Mut in Liebe zusammen und sagte:
1. Stimme »Es werde Brot!«
2. Stimme Und Gottes Schwestern, ihre Freundinnen und Freunde und ihre Geliebten, knieten sich auf die Erde hin
3. Stimme pflanzten den Samen
4. Stimme beteten um Regen
1. Stimme sangen Lieder auf das Korn
2. Stimme brachten die Ernte ein
3. Stimme droschen das Korn
4. Stimme mahlten das Mehl
1. Stimme kneteten den Teig
2. Stimme machten Feuer an
3. Stimme und die Luft füllte sich mit dem Duft frischen Brotes.
4. Stimme Und es ward Brot!
1. Stimme Und es war gut!
2. Stimme Wir, Gottes Schwestern, sagen heute:
3. Stimme Alle sollen vom Brot essen
4. Stimme und von der Kraft leben.
1. Stimme Wir sagen heute:

2. Stimme Alle sollen Kraft haben
3. Stimme und Brot.
4. Stimme Heute sagen wir:
1. Stimme Es soll Brot geben
2. und Kraft!
3. Stimme Wir wollen vom Brot essen und aus der Kraft leben!
Carter Heyward, USA

Niemand wird hungrig bleiben

Aufruf zum Abendmahl

Kommt,
Laßt uns miteinander Gottes Abendmahl feiern.
Laßt uns einen großen Laib Brot backen,
laßt uns Wein im Überfluß bereitstellen
ganz wie bei der Hochzeit zu Kanaa.

Laßt die Frauen nicht das Salz vergessen
Laßt die Männer die Hefe dazutun.
Alle:
Laßt viele Gäste ein:
die Lahmen, die Blinden, die Gebrechlichen, die Armen.

Kommt schnell.
Laßt uns Gottes Rezept folgen:
Laßt uns alle miteinander den Teig kneten mit unseren Händen.
Alle:
Mit Freude werden wir dann sehen, wie das Brot aufgeht.

Denn heute feiern wir das Zusammenkommen mit Gott.
Heute bekennen wir uns erneut
zum Reich Gottes.
Alle:
Niemand wird hungrig bleiben.
Elsa Tamez, Mexiko

Ich schreie nachts aus der Folterkammer
Psalm 129

Aus tiefster Tiefe schreie ich, Herr, vor dir.
Ich rufe nachts aus der Gefängniszelle und aus dem Konzentrationslager.
Aus der Folterkammer in der Stunde der Dunkelheit höre meine Stimme, höre mein SOS.

Wenn du Sünden zurechnen wolltest, Gott, wer wäre ohne Sünde?
Aber du vergibst Sünden, du bist nicht unerbittlich wie die es sind bei ihren Verhören!

Ich vertraue Gott und nicht Führern noch Parolen.
Ich vertraue Gott und nicht ihren Radioapparaten!

Meine Seele setzt Hoffnung in Gott mehr als in das Aufziehen der Wache am Morgen; mehr als in das Zählen von Nachtstunden in Gefängniszellen.

Wir sind gefangen, und sie genießen das Leben!
Aber Gott bedeutet Befreiung die Freiheit Israels.
Ernesto Cardenal

Ich glaube an dich, Arbeiter-Christus
Glaubensbekenntnis

Ich glaube an dich, Arbeiter-Christus, Licht des Lichts,
wahrlich von Gott geboren, der du zur Rettung der Welt im
demütigen und reinen Schoß Marias Fleisch geworden bist.
Ich glaube, daß du geschlagen, verspottest, gequält
und am Kreuz gefoltert wurdest, als Pilatus Landpfleger
war, dieser römische Imperialist, skrupellos und ohne Seele,
der glaubte, das Geschehene einfach auswischen zu können,
indem er
sich die Hände wusch.

Ich glaube an dich, Freund, Menschen-Christus, Arbeiter-Christus,
Sieger über den Tod mit deinem unermeßlichen Opfer, du hast
neu Hoffnung auf Befreiung gemacht.
Du bist auferstanden in jedem Arm, der sich erhebt, um die Menschen aus der Herrschaft des Ausbeuters in Fabriken und Schulen zu befreien.
Ich glaube an deinen Kampf ohne je einen Waffenstillstand.
Ich glaube an deine Auferstehung.
Aus der nikaraguanischen Bauernmesse,
Carlos Mejia Godoy und Paldo Martinez

Für alle Menschen

Fürbittengebet

Lebendiger Gott,
Wir bitten dich für alle Menschen:

Für die Frauen, denen Tradition und Sitte
ein Leben in seiner ganzen Fülle verwehren.
Für die Unterdrückten und Ausgebeuteten.
Für die, denen Systeme und Autoritäten
Freiheit und Menschenwürde vorenthalten.
Für jene, die um ihrer Denkweise willen
ihre Heimat verlassen müssen.
Für jene, die in ihrer eigenen Kultur und Religion
Richtung und Sinn
für ihr Leben suchen.
Für jene, die so lang und so schwer
schuften, ohne doch sich und
ihre Familien ernähren und kleiden zu können.
Für jene, die ihren Körper verkaufen müssen,
wollen sie überhaupt überleben.
Für die Frauen und Männer, deren Leben in stiller

Verzweiflung den Mächtigen
und Einflußreichen ausgeliefert ist.
Für sie und alle, die leiden,
bitten wir dich:
Gib, daß die Kirche wieder einmal
deiner schöpferischen Liebe
voll Freude Ausdruck gebe.
Die Schranken durchbricht und Menschen
untereinander vereint,
Frauen mit Männern, Gruppe mit Gruppe.
Die dem leeren Dasein Sinn und Hoffnung gibt.
Und uns in verschwenderischer Selbsthingabe
aufeinander zugehen läßt.
Was auch uns zu Menschen in mehr Fülle werden läßt.

Deshalb, Gott,
erfülle deine Zusage in uns
um aller Menschen willen
durch Jesus Christus.
Asien

Wie der Rauch verweht

Wie der Rauch verweht
und das Wachs im Feuer schmilzt,
so vergehen Rassismus und Unterdrückung
vor dem Antlitz Gottes.
Die Unterdrückten und Getretenen
werden in Gottes Gegenwart frei.
Sie jubeln und schreien – aus Freude.
Zephania Kameeta, Namibia

Quellenhinweise

Alle mit einem Stern (*) versehenen Texte wurden von Sybille Fritsch, Frankfurt, übertragen.

1. »A journey along the wilderness road«
   Seite 54 (Leben in einer Schachtel*)
2. ALC Hunger-Programm (422 South Fifth Street Minneapolis MN 55 41 5)
   Seite 90 (Sie sagen, ich bin eine Frau*)
3. »Celebrate: Women in Ministry«
   Seite 52 (Beides kann in derselben Haut stecken*)
4. Program Book 1984, Ecumenical Assembly, Purdue University, *»Church women united«,* July 19–23
   Seite 19 (Das Gesicht zur Sonne*); Seite 33 (Friede wie die sanfte Nacht*)
5. »Ein Wort wie Feuer«, Textheft 1985 des Rogatematerials, herausgegeben vom Evangelischen Missionswerk im Bereich der Bundesrepublik und Berlin West e.V.
   Seite 57 (Gebet einer Nur-Hausfrau)
6. R. C. Program staff for student christian movement of Canada, *»Faithful Reflections on our experience«,* Devotions for and by Canadian Women
   Seite 24 (Sucht tief in den Augen der Jugend*); Seite 46 (Frau, warum weinst Du?*); Seite 47 (Zwei Welten*); Seite 114 (Gerechtigkeit und Frieden werden sich küssen*)
7. »From Suffering and Hope«, An Anthology of Asian Writings
   Seite 25 (Auch wenn ich nicht den morgigen Tag habe*)
8. »Giving Account of Hope«,
   World Council of Churches, comission on faith and order 1975
   Seite 81 (Vertrauen zu jeder Bergkette*)
9. »Images«, Janice Grana, Comp., Women in Transition, The Upper Room, 1976 USA
   Seite 45 (Beschenkt mit dem Krug aus Alabaster*); Seite 58 (Eine Mutter ist eine Person*); Seite 60 (. . . wo niemand ohne Namen lebt*); Seite 62 (Lege die kindischen Dinge beiseite*); Seite 63 (Minnie erinnert sich*); Seite 82 (Faßt die Hände der Menschen*);

10. »Liturgy of Hope«, U.S. Section of the Study on »the community of women and men in the church« and commission on faith and order NC CC USA, Stony Point N. Y.
Seite 79 (Worte vom Möglichen*)
11. »Medidation Sources«
Seite 55 (In der Qual habe ich Ausschau gehalten*)
12. Prîére et Meditation (Série) (communaute des diaconesses 10 rue Porte du Buc, 78000 Versailles)
Seite 25 (Mach nicht zu schnell, wenn du von Liebe sprichst*) série: Mon chant d'amour; Seite 25 (Die tägliche Erfindung der Zärtlichkeit*) Soeur Miriam, Poèmes pour la vie quotidienne; Seite 26 (Kennst Du den stummen Schrei*) Soeur Miriam, Poèmes pour la vie quotidienne; Seite 27 (Der Abendwind deckt den Lärm der Brunnen zu*) Soeur Miriam, Poèmes pour la vie quotidienne; Seite 28 (Zwiegespräch*) série No. 2: Aller àDieu; Seite 29 (Versammle uns aus allen vier Winden*) série: Mon chant d'amour; Seite 30 (Die Schönheit der Heiligen*) Soeur Miriam, Poèmes pour la vie quotidienne; Seite 31 (Friedens-Hoffnung*) série No. 4
13. Report about women in Danish Churches
Seite 49 (Gib uns Kraft, uns zu empören*)
14. Rita Snowden, »A Woman's Book of Prayers«, Collins, Fount Paperbacks 1 1983[17]
Seite 21 (Oh Gott, ich freue mich zu leben*); Seite 22 (Ich übergebe diesen Tag*); Seite 22 (Ich brauche das Schweigen*); Seite 24 (Für alle, die säen und ernten, kochen und dienen*)
15. »The Trial of the Halloween Six«, Sistercelebrations, 1974, Fortress Press
Seite 77 (Wir werden sanft, fürsorglich, liebevoll sein*)
16. »The witness« magazine Ambler, PA., May 1981
Seite 89 (Ich will meine Gedichte fliegen lassen*)
17. »Von allen Seiten umgibst du mich, Herr«, Gebete aus der Ökumene, herausgegeben vom Evangelischen Missionswerk im Bereich der Bundesrepublik Deutschland und West Berlin e.V.
Seite 59 (Ich sehne mich nach Stille*); Seite 118 (Ein Auftrag)
18. »Wir sind keine Fremdlinge mehr«, Frauen halten Gottesdienst, ein Werkstattbuch, herausgegeben in der deutschen Fassung von: Evangelisches Missionswerk im Bereich der Bundesrepublik Deutschland und Berlin West e.V., Weltgebetstag der Frauen, Deutsches Komitee.
Seite 19 (Gebet des Heiligen Anselm); Seite 33 (Der Segen des Gottes von Sarah); Seite 37 (Gebet auf eine neue Geburt); Seite 51 (Aber wir verweigern uns); Seite 66 (Vorbotinnen); Seite 67 (Gott, du Bäckerin); Seite 68 (Eine wandernde Ara-

mäerin war meine Mutter); Seite 69 (Glaubensbekenntnis einer Frau); Seite 75 (Schwestern und Brüder – steht auf); Seite 83 (Geben wir die Uneindeutigkeit des Menschen zu); Seite 84 (Bring uns zur Vernunft und gib uns Glauben); Seite 95 (Die Reise); Seite 99 (Durch seine Wunden seid ihr geheilt); Seite 101 (Noch warten wir); Seite 103 (Mutter); Seite 103 (Erste Tragödie); Seite 104 (In Liebe von Jaini Bi); Seite 105 (Ich bin so um die vierzig); Seite 107 (Wer bin ich?); Seite 120 (Die Segnung des Brotes); Seite 122 (Niemand wird hungrig bleiben); Seite 123 (Ich schreie nachts aus der Folterkammer); Seite 123 (Ich glaube an dich, Arbeiter-Christus); Seite 124 (Für alle Menschen); Seite 125 (Wie der Rauch verweht);

19. »Women and Men in Asia«, CRK, WSCF 1976
    Seite 78 (Laßt uns unsere Erschaffung feiern*); Seite 112 (Frauen und Männer kämpfen gemeinsam*)
20. Women for Peace (Postfach 811 Ch-6002 Luzern, Schweiz)
    Seite 55 (Für die Gemeinschaft von Frauen und Männern*); Seite 97 (Bis Erde, Himmel und Hölle Waffen erbrechen*); Seite 98 (Gottes Spuren*)
21. Worship Resources for »the community of women and men in the curch« study, Sheffield international consultation, July 9 – 1981
    Seite 20 (Hört auf den Gruß der Morgendämmerung*); Seite 78 (Im Zwiespalt des Lebens*); Seite 95 (We the unqualified); Seite 111 (Bitte für die Menschlichkeit der Menschen*); Seite 118 (Mach unser Leben reich an Geschwisterlichkeit*)
22. »Woman-Soul-Flowing«: Words for Personal and Communal Reflection, eds. Sandy Amundsen and Irene Moriarty, Ec. Women's Center, Chicago 1978
    Seite 50 (Gott unserer Verwechslungen*)
23. »Women of Spirit«, ALC Women Program Planning Book 1985
    Seite 31 (Die Gabe wurde vermehrt*); Seite 32 (Ich muß mein Alter leicht nehmen*); Seite 45 (Für die »Vorschwestern*); Seite 96 (Die Last meiner Schwestern*)
24. Women's World Day of Prayer, March S, 1976
    Seite 114 (Der Schrei der Ungleichheit*); Seite 116 (Der Schrei der Unterdrückung)